RUBÂI'YÂT

« *Spiritualités vivantes* »

MAWLÂNÂ DJALÂL-OD-DÎN RÛMÎ

Rubâi'yât

Traduit du persan
par Eva de Vitray-Meyerovitch
et Djamchid Mortazavi

Albin Michel

Albin Michel
▪ *Spiritualités* ▪

Collections dirigées
par Jean Mouttapa et Marc de Smedt

22, rue Huyghens, 75014 Paris

ISBN : 2-226-06353-6
ISSN : 0755-1835

INTRODUCTION

Djalâl-od-Dîn Rûmî, que le monde de l'Islam désigne, par respect, comme « notre Maître » (*Mawlânâ, Mevlana* en turc) n'est pas seulement l'un des plus grands penseurs mystiques de tous les temps, un voyant qui — au XIIIe siècle ! — parlait de la fission de l'atome et de la pluralité des systèmes solaires, mais aussi l'un des plus merveilleux poètes de la littérature universelle.

Né en 1207 à Balkh, dans l'actuel Afghanistan, il s'enfuit, encore enfant, avec sa famille, devant l'invasion mongole. Après de longs voyages, son père, théologien éminent, surnommé le « sultan des savants » fut accueilli en Turquie, à Konya, par le calife Seldjoukide, et reprit son enseignement. A sa mort, Djalâl-od-Dîn lui succéda à la tête d'une importante école. Sa rencontre avec un maître spirituel, Shams-od-Dîn de Tabriz, devait bouleverser sa vie, dont il disait que l'amour mystique l'avait consumée. Il devait fonder à Konya la confrérie des Mevlevis, connus en Occident sous le nom de derviches-tourneurs, en raison de leur célèbre oratorio spirituel, le *Sama'*[1].

Les principales œuvres de Rûmî sont *Fihi-ma-fihi*[2], recueil de ses enseignements, en prose, et, en vers, l'extraordinaire théodicée en vingt-six mille distiques, le *Mathnawî*[3], lu et médité depuis sept siècles presque à l'instar du Qur'an lui-même. Enfin, son *Diwan-e-Shams Tabrizî*[4], consacré à la mémoire de son maître disparu, éblouissants « chants

1. Pour une biographie plus détaillée, nous nous permettons de renvoyer à notre ouvrage *Mystique et poésie en Islam : Djalâl-od-Dîn Rûmî et l'ordre des derviches-tourneurs*, 4e éd., Desclée de Brouwer, Paris.
2. Traduction française : *Le Livre du Dedans,* Sindbad éditeur, Paris.
3. Une traduction française des six volumes qui le composent est actuellement sous presse, même éditeur, et même traducteur (Eva de Vitray-Meyerovitch).
4. Même traducteur, éd. Klincksieck, Paris.

d'amour et de deuil », a été partiellement traduit en français sous le titre *Odes mystiques.*

Ses *Quatrains*, *Rubâi'yât*, restaient à traduire. Une excellente traduction française de deux cent soixante-seize quatrains avait paru en 1946 à Istanbul, due à Assaf Hâlet Tchelebi. Quant à nous, nous présentons aujourd'hui la traduction de plus d'un millier de quatrains, choisis dans l'édition de Foruzanfar, qui en comporte deux mille. Nous avons considéré comme malheureusement impossible d'en offrir la totalité sans trahir leur beauté originelle.

Cette forme de prosodie, à la différence de celle du *Mathnawî* et même des *Ghazals (Odes mystiques)*, entraîne en effet d'extrêmes difficultés de traduction, non pas au point de vue du sens qui, si profond soit-il, apparaît toujours de façon claire, mais du style. En raison de sa brièveté, le quatrain condense un ensemble d'allusions et d'images, spécifiques d'une certaine culture, qui ne « passent » pas forcément dans une autre langue. Tenter de les rendre risquerait d'aboutir soit à un exotisme facile, soit à la nécessité de longs commentaires conférant à cette poésie purement lyrique un caractère didactique la dénaturant. Nous avons donc dû nous résigner à un tri douloureux, espérant qu'il nous serait ainsi possible de ne pas trop desservir la beauté de ces petits poèmes, limpides et transparents, où s'irisent toutes les nuances des états spirituels : désir, passion, nostalgie, rêve, mélancolie, le sentiment dominant étant toujours, chez Rûmî, l'amour. Amour du beau, amour du Bien-Aimé divin, tendresse pour le visage de l'ami qui, comme il le dit admirablement, est le reflet du « Visage sans visage ». Dans tout ce climat de pensée, il s'agit d'aller du signe à la chose signifiée; ainsi ce merveilleux quatrain :

En souvenir de ta lèvre, je baise le rubis de ma bague
N'ayant pas celle-là, je baise celui-ci
Ne pouvant parvenir à ton ciel
Je me prosterne et je baise la terre.

La mise au diapason d'un cosmos sacralisé au moyen du *Sama'*, l'oratorio spirituel des disciples de Rûmî qui symbolise la ronde des planètes autour du soleil et, à un second niveau, la recherche du Soi, est longuement célébrée dans les *Rubâi'yât* : comme les atomes, le soufi danse, et la musique ne fait que « réveiller les mystères du cœur ».

C'est en nous-mêmes, et non ailleurs, que nous découvrirons ce secret; c'est en nous, et nulle part ailleurs, que se trouve le trésor caché. Nous touchons ici à un point très important de la psychologie transcendante de Rûmî, infiniment sensible à la distance entre le petit « moi » de la vie quotidienne et le « Soi » divin. Cette vision du monde et des choses est exposée avec une très grande richesse d'aperçus et de commentaires, tant exotériques qu'ésotériques, dans le *Mathnawî.* Les *Quatrains* la résument, sans l'expliciter : ils nous font saisir, par une sorte d'intuition fulgurante, et de par leur lyrisme même, ce qu'elle représente aux yeux de Rûmî : un univers où tout se fonde sur la quête de l'Absolu, de l'unique Réalité, où, de l'atome à la galaxie, tout est mû par l'amour :

O mon cœur éperdu! Vers le Bien-Aimé est un chemin venant de l'âme
O toi qui es égaré! Il est un sentier, secret, mais visible
Les six directions sont effacées. Ne crains rien :
Au plus intime de ton être, se trouve un chemin vers le Bien-Aimé.

De l'unité de la Réalité ultime découle l'unicité de tout ce qui existe. Ainsi verrons-nous Rûmî évoquer, à la fin de la Quête, la fusion, dans la vision et la mort mystique, de l'Amour, de l'Aimé et de l'Amant.

Ces poèmes, dans l'édition persane à laquelle nous nous sommes référé, ne sont pas répartis en chapitres, une même inspiration les animant tous. Il nous a semblé que, pour des lecteurs occidentaux, il serait fastidieux de ne pas en distinguer les aspects, c'est pourquoi nous avons cru devoir préciser, dans ce parcours de l'âme à la recherche de l'Absolu, des étapes et des états spirituels. Nous n'ignorons pas le caractère forcément arbitraire d'une telle division, chaque quatrain pouvant être l'écho d'une parole multiple. Cela nous a paru cependant préférable à une suite ininterrompue où risquaient de se diluer, dans une harmonie trop vague, les notes singulières de ces chants qui, comme le dit Rûmî lui-même, n'expriment qu'un mystérieux silence.

I

L'amour - la beauté

C'est toi qui, malgré cent plaintes et cent excuses,
Ne permets pas que je pose un seul baiser sur tes pieds.
Que tu me donnes de l'eau ou du feu, en vérité,
Tu es le sultan du royaume, c'est toi qui donnes les ordres.

Comment puis-je rire tant que je ne te vois pas rire.
L'âme est esclave de ce rire sans lèvres et sans dents.
Pitié pour ceux qui voient ton rire!
Mais ton rire est caché aux yeux des créatures.

O toi qui es la gloire et le roi de tous ceux qui ont un cœur
Tu es le Galien de ceux qui sont malades.
Le jour de la pluie, nous nous assemblons dans ton jardin
Le jour de la pluie, très doux sont les amis.

Ce matin, au jardin, j'ai cueilli des roses
Et je craignais d'être vu par le jardinier.
Je l'entendis me dire avec douceur :
« Qu'est-ce que des fleurs? Je te donne tout le jardin. »

Chacun possède un camarade, chacun un ami
Chacun a des talents, chacun un travail.
Mais nous, nous restons avec l'image du Bien-Aimé et la flamme du
[cœur
Comme Ahmed et Abu Bakr, dans le coin d'une caverne[1].

Je lui dis : « Mes yeux. » Il dit : « Qu'importe un nuage? »
Je lui dis : « Mes larmes. » Il dit : « Qu'importe une fontaine? »
Je lui dis : « Mon cœur. » Il dit : « Qu'importe une chair consumée? »
Je lui dis : « Mon corps. » Il dit : « Qu'importe une ruine? »

C'est par le flambeau de l'éternité que j'illumine le monde
C'est par cet ami sublime qu'est ma victoire.
Avec l'ami et le flambeau de l'éternité, que dois-je faire?
Oui, que faire, puisque c'est là mon destin?

Un amour est venu, qui a éclipsé tous les amours.
Je me suis consumé, et mes cendres sont devenues vie.
De nouveau, mes cendres par désir de ta brûlure
Sont revenues et ont revêtu mille nouveaux visages.

O toi dont la tyrannie est préférable à la tyrannie d'autrui
O toi dont l'obscurité est meilleure que la clarté d'autrui
O toi dont la coquetterie est préférable au visage d'autrui
O toi dont les injures sont plus douces que les compliments d'autrui!

1. Allusion à la caverne où le prophète Mohammad (Ahmed), ainsi que son fidèle ami Abu Bakr se réfugièrent pour échapper à leurs ennemis.

La parole dure venant de tes lèvres, ô ma beauté!
Devient tel un rubis dont la substance est de flamme.
Quoi d'étrange à la douceur de cette parole?
La brise ayant passé sur les fleurs n'est-elle pas suave?

Bien que dans l'amour il faille avancer pas à pas,
Seul est un pas véritable celui qui vient de l'éternité.
Dans la demeure de la non-existence, on peut voir beaucoup d'existences.
Ouvre les yeux : partout est la non-existence.

Si le vent agite les boucles de tes cheveux
La lune te souhaitera longue vie dans tous les cœurs.
O donneur de conseils! Tu oublieras toi-même et tes conseils
S'il arrive à ton âme ce que mon cœur a goûté.

O beauté à la taille de cyprès, puisse le vent d'automne ne pas
[souffler sur toi!
O œil du monde, que l'œil des méchants ne te cause pas de tort!
O toi qui es l'âme du ciel et de la terre
Puisse-t-il t'arriver seulement la miséricorde et la paix!

Dieu, par inspiration, a dit à Mohammad : « O prophète,
Ne reste que parmi les amoureux, des autres éloigne-toi. »
Bien que ta flamme embrase le monde,
Le feu meurt par la compagnie des cendres.

Tu me dis qu'il est une lune : tu te trompes. Qu'est-ce que la lune?
Tu me dis qu'il est un roi : c'est une erreur aussi. Qu'est-ce qu'un roi?
Tu me répètes si souvent : « Tu te lèves tard. »
Quand le soleil est avec moi, qu'est-ce qu'être tard?

Le derviche qui dispense les secrets cachés
A chaque instant nous fait don d'un royaume.
Ce n'est pas un derviche celui qui mendie du pain,
Mais c'est un derviche celui qui donne la vie.

Cette solitude vaut plus que mille années
Cette liberté vaut mieux que le royaume du monde.
Dans la retraite être un seul instant avec Dieu
Vaut plus que l'âme et le monde, que ceci et cela.

Un instant de la vie de l'homme a la valeur d'une vie.
Un seul de ses cheveux qui tombe vaut un trésor.
Et c'est aussi un homme celui qui montre, par ses paroles,
Que de ne pas le voir, c'est perdre un royaume.

Celui avec qui ton amour s'est uni un instant
On dirait qu'un danger est suspendu sur sa tête.
Mansour[1] a révélé le secret de ton amour
Son cou est suspendu par la corde de la jalousie.

1. Mansour al-Hallâdj, supplicié à Bagdad en 922 pour avoir déclaré qu'il était la Réalité suprême : « *Ana'l-Haqq* », cette parole ayant été considérée comme un blasphème.

Ceux qui noircissent l'or avec de la fumée
Le font pour le préserver des voleurs.
L'amour est un or rouge, il ne devient pas noir,
Il ne perd pas sa valeur, car on le garde dans ses mains.

O toi dont l'amour est l'essence du monde de l'émerveillement
Ce qu'apporte ton amour, c'est le bouleversement
Combien de temps m'interrogeras-tu sur l'état de mon cœur brûlé
Alors que, tu le sais bien, tu le connais mieux que moi-même.

C'est l'amour qui détient la pierre philosophale de la Lumière *(Ishraq)*
C'est un nuage porteur de cent mille éclairs.
Dans le secret de mon être, se trouve la mer de sa gloire :
Toutes les créatures sont noyées dans cette mer.

Le cœur de l'homme est une chandelle prête à se consumer
La déchirure due à la séparation d'avec le Bien-Aimé est prête à coudre.
O toi qui ignores la patience et la brûlure
L'amour est une chose qui doit venir, on ne peut l'apprendre.

Si je prépare une assemblée avec d'autres que toi
Je jure par Dieu que mon cœur ne sera pas blessé par l'amour d'un
[autre que toi.
Mais quand pour quelqu'un le soleil a disparu
Il place auprès de lui-même une lampe.

On dit : « Le Bien-Aimé n'est pas fidèle. » Mensonge !
On dit : « Après la séparation, il n'y a pas l'union. » Mensonge !
On dit : « Le vin n'est pas un délice. » Mensonge !
On dit : « Ce n'est pas notre faute. » Mensonge !

Mes lèvres ne s'ouvrent pas sans tes lèvres
Et l'origine des paroles n'existe pas sans tes lèvres.
Dieu a fermé la porte de mon cœur, en l'absence de tes lèvres.
Il m'a dit : « N'ouvre pas tes lèvres en l'absence de ses lèvres. »

O nuage qui est le royaume de milliers de soleils
Tu accomplis ta tâche à l'envers, le sais-tu ?
C'est à cause de ta tyrannie que le monde est pour nous ténèbres.
Donc, pleurer est ce qui nous advient, et toi tu verses des larmes aussi.

Dans l'assemblée du sultan, j'ai brisé sa coupe
Pour éveiller son courroux et provoquer ses reproches.
Par Dieu ! Je suis son prisonnier, à tel point
Que je ne puis distinguer dureté ou douceur.

S'il était possible de dire tes secrets
Le bas et le haut, tout serait une roseraie.
S'il n'existait pas dans l'univers d'orgueil jaloux
Chaque pharaon serait Moïse, fils d'Imran.

Fais l'aumône à cet esclave qui n'a pas sommeil
Fais l'aumône à cet assoiffé qui n'a pas d'eau
Fais l'aumône, car celui qui ne donne rien
Auprès de Dieu est dénué de mérite.

J'ai mis à l'épreuve cette bien-aimée au cœur pur ;
Le torrent noir n'a pas assombri ce ruisseau,
Il n'a pas fait froncer ses sourcils un seul jour :
Je conserve ce souvenir pour la vie et pour la mort.

O toi qui as oublié le réel, et qui es fier du superficiel
Sois attentif, car au sein de l'âme se trouve le Bien.
Le sens est la réalité du corps, et l'âme est la réalité du sens :
Quand tu as renoncé au corps, au sens et à l'âme, tout est Lui.

Si mon Bien-Aimé me déchire
Je ne gémis pas et ne dis pas que cette douleur vient de lui.
Pour nous, tous sont des ennemis, seul il est l'Ami.
Ce n'est pas bien de se plaindre à son ennemi de son Ami.

L'amour est venu et il est comme le sang dans mes veines et ma peau
Il m'a anéanti et m'a rempli du Bien-Aimé.
Le Bien-Aimé a pénétré dans toutes les parcelles de mon corps
De moi ne reste plus qu'un nom, tout le reste est Lui.

Assieds-toi avec l'amour, qui est l'essence de ton âme
Recherche celui qui est éternellement auprès de toi.
N'appelle pas « mon âme » celui qui est la tristesse de ton âme
Considère-le comme défendu, même s'il est pour toi comme le pain.

Le Bien-Aimé est si proche de moi
Plus proche que moi-même de ma propre âme.
Par Dieu ! de lui, je ne me souviens jamais
Car le souvenir est pour celui qui est absent.

Si tu as un instant de patience dans l'amour
Que fais-tu dans la compagnie des amoureux?
Sois acéré comme l'épine, afin que le Bien-Aimé, comme la rose,
Parfois t'embrasse et demeure avec toi.

Je possède un amour plus pur qu'une eau limpide.
Un tel amour est licite pour moi.
L'amour des autres toujours est changeant,
Mon amour et mon Bien-Aimé à moi sont éternels.

Un amour parfait et une beauté ravissante,
Un cœur plein de paroles, une bouche silencieuse :
Comment se peut un état plus étrange que ceci?
Je suis assoiffé, et devant moi coule une eau pure.

Cette douce parole que nous nous sommes dite l'un à l'autre
Le dôme du firmament l'a gardée dans son cœur secret
Un jour, comme la pluie il la répandra
Et notre mystère croîtra sur la place du monde.

Celui que fait souffrir l'amour du Bien-Aimé
Reçoit l'aide de sa grâce et libéralité.
Considère combien la vie est courte, accorde-moi l'union :
A cause de sa brièveté, aide-la par l'union.

O lune subtile de l'ami dans ma grange,
O lune qui montras ton visage à la lucarne de ma maison!
O ma roseraie de l'âme et mes yeux brillants!
Quand pourrai-je te tenir enlacé dans mes bras?

Un trésor secret est enfoui dans la terre,
Caché aux croyants comme aux incroyants.
Nous avons découvert que c'est l'amour qui est ainsi caché
Nous sommes devenus dépouillés à cause d'un tel secret.

Nous avons lu beaucoup de légendes et d'histoires
A propos de l'amoureux, du Bien-Aimé, du chagrin, du cœur ensanglanté.
La hampe de l'étendard de l'amour est tout entier ton amour.
Toi, ô Roi ! Tu es une chose, et ton amour en est une autre.

Si l'extase et la violence de l'amour me laissent conserver ma tête
Par Dieu ! je suis très courageux, vraiment !
Le jour où comme Mansour tu me suspends au gibet
A chaque instant, ce gibet me donne des nouvelles de ce secret.

S'il n'y a pas de feu dans le cœur, qu'est-ce que cette fumée ?
Si l'aloès ne brûle pas, qu'est ce parfum d'aloès ?
Que mon être soit amoureux de ce qui n'existe pas, qu'est cela ?
Que le papillon soit heureux de la brûlure de la chandelle, qu'est cela ?

Au Jour de la Résurrection, hommes et femmes apparaîtront
Pâles et tremblants de peur pour le Jugement dernier.
Moi, je présenterai dans mes mains ton amour et Te dirai :
« Interroge-le, il te répondra. »

Ton amour apporte la guérison du monde
La séparation d'avec toi est telle l'heure de la mort, elle emporte l'âme.
Ce cœur qu'on n'échangerait pas pour cent mille âmes,
Avec un sourire de toi les emporte gratuitement.

Je suis amoureux de l'Amour, et l'Amour est amoureux de moi.
Le corps est amoureux de l'âme, et l'âme amoureuse du corps.
Parfois je tends les deux mains vers son cou,
Parfois il tire, comme les belles, le pan de ma robe.

Pourquoi ton amour est-il si sage et si savant?
Pourquoi ta tendresse est-elle si aimable?
Pour l'amour, pourquoi trembler, s'il n'est pas agréable?
Et si l'amour est agréable, pourquoi tant de cris?

O mon cœur, une telle pauvreté, une si mauvaise réputation!
Est-ce que tu mérites l'amour?
L'amour est une flamme brûlante, et tu n'as pas d'eau:
Mets la poussière sur ta tête, pourquoi l'attiser avec le vent?

Nous avons brûlé nos affaires, notre travail, notre boutique
Et nous avons appris la poésie, les quatrains, les *ghazals*[1].
Dans l'amour qui est notre âme, notre cœur et nos yeux
Nous avons brûlé l'âme et le cœur et les yeux.

Celui qui est triste et qui peut le dire
Dissipe, en la disant, la tristesse de son cœur.
Considère cette fleur qui s'épanouit en nous:
Elle ne peut ni montrer sa couleur ni garder son parfum.

1. Ode mystique.

Je veux te tenir un langage sans paroles,
Un langage secret pour toutes les oreilles
Nul, sauf toi, n'entendra ce que j'ai à dire,
Quoique je le dise au sein de la foule des gens.

Si je suis patient, mon cœur est lassé par la peine
Si je manifeste ce qui est dans mon âme, les jaloux se querellent.
Je patiente, afin que le verre tombe sur la pierre.
Il me dit : « Serais-tu humilié à cause de mon amour ? »

Si, dans l'enfer, je peux tenir une boucle de tes cheveux,
La condition des habitants du Paradis me semblera bien humble.
Si, sans toi, on m'invite dans les prairies du Paradis,
Les campagnes du Paradis me sembleront bien resserrées.

L'amour demeurera sans fin, de l'*alast*[1] à l'éternité.
Ceux qui cherchent l'amour sont innombrables.
Demain, quand se lèvera le Jour de la Résurrection,
Quiconque n'est pas amoureux sera rejeté.

Depuis que l'amour de mon Bien-Aimé a rempli mon cœur
Mon voisin n'a pu dormir à cause de mes gémissements.
A présent, mes plaintes ont diminué, mon amour a grandi :
Quand le feu est attisé par le vent, il ne donne pas de fumée.

1. Cf. Qur'an, VII, 172 : Lors du Pacte éternel, Dieu interrogea les âmes : « Ne suis-Je pas (''*alastu*'') votre Seigneur ? » Elles répondirent : « Oui, Tu l'es. »

O toi qui cherches le chemin pour t'enfuir,
Tu penses être arrivé au but.
C'est le roi qui t'attire, ne lui résiste pas :
Le roi des rois des derviches peut attirer la montagne.

A chaque instant, ô ma lune, tu me réclames auprès de toi
Tu m'interroges sur mon état, et tu le connais toi-même.
Tu es comme un cyprès qui marche, et la parole pour toi est comme
[le vent
Je parle, et toi, tu agites la tête, distraitement.

Crois-moi, l'amour est une action noble
S'il y a un défaut, c'est que la nature de l'esprit est mauvaise.
Tu donnes le nom d'amour à ta sensualité :
Il y a bien du chemin entre la sensualité et l'amour !

Dieu nous préserve que le cœur de l'amoureux soit affligé
Ou que, sauf par l'amour, sa robe soit déchirée.
Dieu nous préserve qu'un amoureux s'endorme dans la poussière :
Pur, où irait-il ? Sinon dans ce monde pur.

O amour, qu'es-tu ? Toutes choses t'appartiennent.
Tu es l'union, et tous sont séparés par toi.
Tu restes dans la maison, et tous sont tes gardiens.
Tu es la mère, et tous sont tes enfants.

Dieu me garde que je dise que tu es semblable à la nuit
Ou que ta taille est élancée comme le cyprès du jardin.
Que sont, pour la lune, les lèvres de rubis suaves?
Et pour le cyprès, où est le mouvement de l'esprit?

Tant que je vivrai, mon rôle sera celui-ci
Ma quiétude, ma patience et mon amitié, ceci.
C'est mon jour, c'est ma vie,
Ma proie, mon gibier et ma chasse.

Ne considère pas cet homme qui a maintes connaissances
Considère sa fidélité, comment sont sa fidélité et sa soumission.
S'il peut être fidèle à son engagement
L'homme vaut mieux que tous les attributs que tu peux lui conférer.

Je suis la montagne : mon écho est la voix du Bien-Aimé
Je suis une peinture : mon peintre est mon Bien-Aimé.
Je suis comme une serrure dont le bruit vient de la clé :
Tu crois que c'est ma parole quand une parole est prononcée.

Dans mon cœur, et en dehors de mon cœur, il n'y a que Lui
Dans mon corps, la vie, la veine et le sang ne sont que Lui.
Comment seraient ici possibles l'incroyance et la foi?
Nul doute n'est dans mon être, puisque tout est Lui.

Le visage du monde devient bigarré
On voit le Bien-Aimé de derrière le voile.
L'agitation du cœur est due à un Bien-Aimé
Dont l'amour rend les neuf cieux aussi tristes que nous.

L'amour est venu et a brisé mon repentir
Comme du verre. Qui peut le raccommoder?
S'il y a un raccommodeur, c'est aussi l'amour :
Il n'est pas possible de fuir la brisure et la réparation.

Je ne suis pas une abeille, que la fumée me chasse
Ni une Péri[1], pour m'envoler avec le parfum de l'aloès
Ni un torrent pour me jeter dans une rivière
Ni un avare pour me perdre par l'attrait d'un profit.

J'entends ta voix, et me voici avec une voix admirable.
Comme la grâce de Dieu, je deviens infini et sans bornes.
Cent fois tu m'as acheté et je suis à toi :
Achète-moi une nouvelle fois, afin que je devienne nouveau.

Dans la roseraie je sens le parfum de tes lèvres
Je vois ta couleur dans la tulipe et le jasmin.
S'il n'en était pas ainsi, j'ouvrirais mes lèvres
Afin qu'elles disent ton nom, et que je l'écoute.

O toi qui es mon Joseph! Je suis Jacob.
O toi qui es ma santé! Je suis Job.
Qui suis-je moi même? O toi aimé par tous!
Je bats des mains, et toi tu danses.

Notre corps terrestre est un reflet du firmament,
Notre agilité est un objet de jalousie pour l'ange.
Parfois, l'ange jalouse notre pureté,
Parfois le démon s'enfuit loin de notre audace.

1. Fée.

Garde ce jeûne comme une corbeille
Afin que ce jeûne pour toi demande à Dieu.
L'Eau de la vie rafraîchit la brûlure du cœur,
Ce jeûne est comme une aiguière, ne la brise pas!

Mon Bien-Aimé me fait des promesses, mais je ne les accepte pas.
Même s'il met sa main sur le Qur'an, je ne l'accepte pas
Il dit : « Par Dieu, si tu ne m'écoutes pas, je ne t'écouterai pas. »
Il veut se libérer par cette parole, mais je ne l'accepte pas.

Dans Ton amour, nous avons su que la connaissance est une faute.
Quel amour? Quelle connaissance? Qu'avons-nous connu?
Tu auras beau crier dans les deux mondes, tu ne trouveras qu'un des [deux :
Cette existence ne provient pas de ce que nous avons su.

Louanges à Dieu! moi et toi, ô perle éclatante,
Combien nous différons l'un de l'autre!
Je suis ton heureux destin, jamais je ne me livre au sommeil :
Tu es le mien, mais tu ne t'éveilles jamais.

O chandelle, on dirait que tu as la coutume des soufis
Car tu as six attributs des gens de la pureté *(safa)* :
La veille nocturne, le rayonnement du visage, la pâleur,
La brûlure du cœur, les larmes des yeux et l'éveil.

Je le nomme tantôt le vin, tantôt la coupe
Tantôt l'or pur, tantôt l'argent brut
Tantôt l'appât, tantôt le gibier, tantôt le piège :
Pourquoi donc tout cela? Pour ne pas dire son nom.

O toi qui as besoin d'un cœur, ne Le regarde pas
Sois un ascète, ferme les yeux, et passe.
Mais que peuvent faire les yeux? Au-dedans et au-dehors
Il est privé de Son amour, ce pauvre regard!

Chaque moment qui passe sans qu'on voie ses amis,
C'est la mort pour la nature, ou le sommeil.
Cette eau qui te rend sombre est du poison
Mais ce poison qui te rend pur est de l'eau.

O toi qui aimes ton enfant, dis-lui deux vers
A chaque instant, donne-lui un conseil
Au sujet de l'union et de la séparation, dis deux vers
Au sein de quelques *ghazals*, dis deux vers.

O ami! Nous sommes proches de Toi dans l'amitié
Partout où tu poses tes pas, nous sommes le sol
Comment pourrait-il être permis, dans la voie de l'Amour,
Que nous voyions le monde par Toi, et que nous ne Te voyions pas?

Chasse de ton cœur la cupidité, la jalousie, la haine
Change tes mauvaises habitudes, tes mauvaises pensées.
La négation pour toi est néfaste
L'amour est ton salut, augmente-le.

Tant que tu es avec toi-même, bien que tu sois avec moi, tu es loin
[de moi
Il y a trop d'éloignement entre toi et moi
Tu ne peux arriver à moi si tu n'es pas uniquement moi
Dans le chemin de l'amour, ou il faut être toi, ou il faut être moi.

Ma Bien-Aimée m'a dit : « Si tu veux acheter
Les baisers de chaque bien-aimée, achète-les à moi-même. »
J'ai dit : « Avec de l'or ? » Elle répondit : « Que ferais-je de l'or ? »
J'ai dit : « Avec mon âme ? » Elle répondit : « Oui, oui. »

L'amour est la voie choisie par notre prophète
Nous sommes nés de l'amour, l'amour était notre mère.
Notre mère est cachée sous notre voile :
Elle a été dissimulée à cause de notre nature impie.

On dit : « L'amour n'est qu'un nom et qu'un bruit. » Mensonge !
On dit : « L'espoir de l'amour est naïf. » Mensonge !
Le ciel de la joie est en nous et dans notre âme
On dit : « Il est au-dessus des sept cieux. » Mensonge !

Ton amour, de toutes parts, a créé l'insomnie
Tes cheveux ont rendu la nuit pareille à l'aube
Le peintre de l'éternité a peint partout une image
Pour la paix de mon cœur, cette image est Tabriz[1].

Je n'échangerais pas la poussière de Ton seuil contre le firmament
[sublime
Je n'échangerais mon chagrin pour Toi contre les deux mondes
J'ai offert aux créatures Ton image
Contre Ton image, je ne donnerais pas même de l'eau à Adam.

1. Ville d'Iran d'où était originaire le maître Bien-Aimé de Rûmî, Shams Tabrizî.

Je place mon amour pour Toi plus haut que le firmament
Je place la main de ta tyrannie sur mon cœur affligé.
A chaque endroit où Tu poses ton pied sur la terre
En secret, je vais me prosterner sur cette poussière.

Ce roi ne s'est pas enfui loin de ses serviteurs irrités,
Il ne s'est pas enfui loin de l'impolitesse et du péché de cent hommes
[comme toi.
N'appelle pas cela une grâce, mais un océan.
Le noir démon s'est enfui loin de nous, mais lui ne s'est pas enfui.

Hier soir est venue près de moi cette Bien-Aimée cruelle
Aux douces paroles, aux lèvres suaves, bouleversante.
Avec un visage pareil au soleil, elle m'éveilla :
Quand tu vois le soleil, ne te lèves-tu pas?

Je suis revenu pour allumer un feu
Dans le repentir et le péché, dans le remords et l'ascétisme,
J'apporte le feu qu'il m'ordonne.
O toi chaque chose qui n'est pas Dieu, va-t'en.

Sauf les murmures de ton amour, il ne reste rien dans les oreilles
A l'âme, les douceurs de l'éternité ne laissent pas de raison
L'amour sans couleurs a mélangé bien des couleurs :
A cause de ces états sans couleur, il ne demeure pas d'oubli.

O amour, tu es si aimable, plus qu'aimable!
Brûle-moi, ton feu est si doux!
L'amour a rempli de beauté les six directions de l'univers
Cependant, il nous faut sortir des six directions.

Je sais de ce Bien-Aimé les qualités et les habitudes
Il est comme le feu, et je suis comme l'huile
Par sa lumière subtile, l'âme voit
Cette fumée autour de lui, je le sais, c'est moi.

Je me suis repenti de la passion, de la perte de moi-même
Ton amour a entendu cette parole de moi.
Il a fait un feu avec la bûche de mon repentir
Il m'a brûlé, puis m'a dit : « Te repens-tu cette fois ? »

Chaque jour, tu crées dans cette assemblée une fièvre nouvelle
Tu sapes les bases de mille tranquillités
Cette situation prévaudra jusqu'à l'éternité
Pour l'âme des pauvres, que donne la générosité de celui qui est
[riche comme toi ?

O Bien-Aimé, tu te bats avec chaque parole
Tu lances dans mon pauvre cœur cent flèches de tyrannie.
A tes yeux, je suis du cuivre, l'autre est de l'or :
Je te montrerai, demain, quand tu nous éprouveras avec la pierre de
[touche.

Mon Bien-Aimé m'a vendu pour une poignée d'herbes
Peut-être serai-je racheté par mon Bien-Aimé pur.
L'homme sage possède un proverbe très juste :
Ce que l'on acquiert bon marché, on le revend à vil prix.

Celui qui m'a retiré le sommeil
Veut que je mouille de mes larmes mon *mihrab*[1].
Il m'a pris en silence et m'a jeté dans l'eau
Une eau qui donne une douceur à ma propre eau.

Au moment où mon essence se transformera en océan universel
La beauté des atomes sera pour moi lumineuse.
C'est pourquoi je brûle comme la chandelle, afin que, dans la voie
[de l'amour,
Tous les instants pour moi deviennent un seul instant.

Au commencement, il m'a caressé avec mille grâces,
A la fin, il m'a fait fondre dans le creuset de mille chagrins.
Il jouait avec moi comme avec le dé de son amour :
Quand je suis devenu à lui tout entier, il m'a rejeté au loin.

L'amour est ce qui donne la joie aux créatures
L'amour est ce qui cause la joie infinie.
Ce n'est pas la mère qui nous donna la vie, c'est l'amour.
A cette mère, cent louanges et miséricordes !

Il est passé, le temps où j'étais heureux de ton amour
Au sein de ton amour, je ne peux me souvenir de ton amour
Tous les moyens et causes sont pour moi du vent :
Peut-on faire dans la mer des fondations de poussière ?

1. Niche indiquant dans les mosquées la direction de la prière rituelle.

Cet amour débridé galopait vers la campagne
Mon cœur le vit et le reconnut à ses allées et venues fières
Il se disait : « Quand j'échapperai à la forme
Je serai amoureux de la forme de l'Amour. »

Ton amour galopait autour d'un herbage
Mon pauvre cœur aperçut sa trace et le reconnut.
Le jour où mon cœur échappera aux liens de l'existence
Combien je me livrerai à l'amour, au sein caché de la non-existence !

Celui qui s'accorde avec le Bien-Aimé, ne reste pas sans ami
Celui qui s'accorde avec l'acheteur ne devient pas pauvre.
La lune a obtenu la lumière parce qu'elle ne craignait pas la nuit
La rose a pris le parfum parce qu'elle s'est entendue avec l'épine.

L'océan tout entier est agité par ton amour
A tes pieds, les nuages déversent des perles.
De ton amour, un éclair est tombé sur la terre
Cette fumée qui s'élève vers le ciel vient de lui.

Celui qui en son cœur dit « *Ana'l Haqq* »
Pendait aujourd'hui à la corde du gibet.
Celui dont les yeux jettent des sortilèges
S'inflige à lui-même mille sortes de blessures.

La voie de l'amour est un mystère, il n'y est point de querelle
Il n'y a là d'autres qualités que le sens profond.
Il n'est point permis à l'amoureux de discuter
C'est de non-existence qu'il s'agit, et non pas d'existence.

Le sultan de la beauté est ma belle lune
Dans ses tresses, mon cœur fou est enchaîné.
Dans la poussière de son seuil, je verse le sang de mon cœur,
Bien que sa poussière ait plus de prix que mon sang.

O toi ! Chaque âme éveillée est avertie de tes nouvelles
O toi ! Chaque être endormi dort au sein de ta grâce
O toi ! Sauf toi n'existe ni caché ni manifeste
Par crainte de toi, je ne puis dire plus que cela.

Si dans le jardin existent un cyprès et une roseraie,
Ils ne sont que l'image de la taille et du visage de la bien-aimée.
Ma pensée est ivre de cet aveu,
Je ne suis qu'un impie si une parcelle en est lucide.

Dénombrez ces beautés aimées, une à une,
Peut-être, par hasard, appellerez-vous le nom de ma bien-aimée.
O vous qui vous trouvez derrière le voile
Passez dans mes yeux pleins de feu.

Il se peut qu'un autre visage soit plus beau que celui-ci
S'il en est de plus beaux, qu'importe ! ce n'est pas mon bien-aimé.
Renonce à tous les visages dans ton cœur
Jusqu'à ce que vienne à toi le Visage sans visage.

Nous sommes beaux, rends-toi beau comme nous
Accoutume-toi à nous, laisse les autres
Ne sois pas une goutte, fais de toi-même un océan
Si tu veux être une mer, fais de ta goutte un néant.

A présent que ta beauté a rempli l'âme et le monde,
Pourquoi demeurer assis dans la maison?
Le jour où tu es devenu la lune, ne savais-tu pas
Que tu serais célèbre dans tout l'univers?

Dans la taverne, j'ai vu une beauté
J'ai acheté son amour avec mon âme et mon cœur
J'ai senti le parfum des boucles de ses cheveux
Et j'ai renoncé au désir pour les deux mondes.

Celui qui t'a aperçue, ô beauté ravissante,
Comment regarderait-il le visage d'un autre Bien-Aimé?
Aux yeux de quiconque t'a jeté un regard
Je jure par Dieu que le soleil et la lune paraissent sombres.

O ma lune, si éclatante et lumineuse que tu sois,
Tu es loin de l'éclat de mon Bien-Aimé.
O narcisse, bien que tu sois languissant et frais,
Va-t'en, tu n'as pas vu les yeux de ma beauté, ce n'est pas ta faute.

Hier, mon Bien-Aimé était comme la lune du firmament
Non, non, il était plus beau que le soleil
Il était au-delà de notre imagination
Je sais qu'il était beau, mais je ne sais pas comment.

C'est de tes yeux que j'ai appris la pure magie.
C'est à ta beauté que j'ai allumé le flambeau de l'âme.
Puissent les yeux des méchants ignorer mon état
Puisque c'est sur ton visage que j'ai fixé mon regard.

Sache, mais ne parle pas, afin que les secrets ne soient pas révélés
La beauté de l'homme est dans sa faculté de garder les choses
Il a dit : « C'est inutile, car ici se trouve un roi
Qui distingue un cheveu, à cause de sa vision. »

Cette idole dont la beauté orne notre assemblée
Elle n'est pas dans notre assemblée, je ne sais où elle est.
Elle est pareille au cyprès élancé, et sa taille est droite :
A cause de sa forme, la Résurrection s'est levée pour nous.

Tu es comme la lune, je ne suis que ton reflet dans l'eau.
Ne viens-tu pas près de moi cette nuit où je suis ton hôte?
Tu me dis : « Sois sûr que je suis à toi,
Bien plus, je te rends vivant, car je suis ton âme. »

Ton visage pareil au soleil est hors du firmament
Comme ta beauté est hors de toute comparaison
Ton amour réside dans mon âme
Chose merveilleuse ! Il est à la fois hors de l'âme et du monde.

Dans notre esprit sont une autre intention et une autre occupation
Notre douce bien-aimée est une autre beauté
Par Dieu ! Nous ne nous contentons pas même de l'amour
Pour nous, après cet automne, est un autre printemps.

Une beauté si belle qu'aucune épithète ne lui convient
Entra dans la maison, demandant : « Comment est ton cœur ? »
Sa robe traînait sur le sol, et mon cœur lui a dit :
« Relève la traîne de ta robe, la maison est remplie de sang. »

Hier, le jardin automnal a rendu grâces à Dieu
Par les signes du visage des fleurs.
Le cyprès a dressé dans la prairie sa stature
Et la fleur souriante a déployé sa beauté.

O branche de fleurs, agitée par la brise,
Puisque tu es fleurs, pourquoi t'agiter?
La brise n'orne-t-elle pas les fleurs comme des épousées?
Comme il est étrange d'être troublé par la grâce de Dieu!

Celui qui est l'origine de la parole et qui donne la vie à l'âme,
Sans couleur, octroie la couleur au corail.
Il confère la flamme au flambeau de la foi.
Nous avons beau en parler, nous n'avons rien dit.

L'habitude et l'œuvre des sages et des voyants, c'est l'émerveillement
Pour les aveugles, il y a la pensée et la réflexion
Cent arbres merveilleux de l'Invisible font pleuvoir sur toi des fleurs
Pourquoi frapper de la cognée les branches de la résignation?

La fête est arrivée et chacun, plus ou moins,
S'est paré pour voir ses amis.
Pour nous, c'est toi la fête : occupe-toi donc de nous,
O toi qui as donné à l'épine la robe d'honneur de la fleur.

Au service de tes yeux, il y a quelques sortilèges
La porte de notre sommeil a été fermée par ces sortilèges
J'ai dit : « Par l'union, je leur lierai les mains. »
Tu t'es enfui, ils se sont échappés.

A celui que je croyais l'envoyé du Bien-Aimé,
J'ai demandé le nom et un signe du Bien-Aimé.
Il ouvrit la bouche pour dire quelque chose ;
Par amour jaloux pour toi, je ne lui ai pas permis.

Ce cœur que je croyais être le mien,
Par Dieu, je ne le laisserai pas chez des amis.
Il m'a quitté, Bien-Aimé, et est allé auprès de toi :
Garde tendrement ce que j'ai gardé avec tendresse.

Je voudrais pour ton amour quitter mon âme
Pour toi, je désire quitter les deux mondes
Je voudrais que ton soleil tombe sur la pluie
C'est pourquoi je vais au-devant de toi, comme le nuage.

II

Le cœur - l'âme

O brise du matin, apporte-nous un message :
As-tu vu dans le chemin ce cœur plein de feu,
As-tu vu ce cœur embrasé et rempli de passion
Qui a incendié cent rochers de sa flamme?

O mon âme, il est un passage entre ton cœur et le mien,
Ayant trouvé la porte, mon cœur connaît l'éveil.
Mon cœur est pareil à l'eau pure et limpide :
Dans le miroir de l'eau claire se reflète la lune.

Depuis le moment où je t'ai connu par l'amour,
J'ai tant joué avec toi au jeu caché!
Approche-toi, enivré, jusqu'à la tente de mon cœur,
Car c'est pour toi que j'ai fait le vide dans la tente.

J'ai dit à mon cœur : « O mon cœur, par ignorance
Sais-tu au service de qui tu as manqué? »
Mon cœur a répondu : « Tu lis avec des fautes :
Je suis nécessaire pour Son service, c'est toi qui es égaré. »

On me dit : « Le cœur nourrit une autre passion
Il s'est éloigné de nous, il désire un autre lieu. »
Quand il est revenu, s'excusant, je l'entendis murmurer
Qu'il préparait pour moi, là-bas, une autre nourriture.

Parler de toi me rend silencieux
La douceur de tes actes me rend inactif
J'ai couru de ta cage à la demeure du cœur
Le cœur est devenu cage, et m'a rendu ton captif.

Celui qui a fait, seul, ton image
Ne te laisse pas tout seul dans l'amour.
Dans la demeure de tes images, c'est-à-dire en ton cœur,
Il a fait naître deux cents beaux compagnons.

La fumée de notre cœur est le signe de notre passion, ô mon cœur !
Cette fumée qui émane du cœur est visible,
Chaque vague qui passe dans le cœur est du sang
Ce n'est pas un cœur, serait-ce un océan, ô mon cœur ?

Le cœur est un jardin secret où se cachent des arbres
Il manifeste cent formes, mais il n'a qu'une seule forme.
C'est un océan immense, sans limites et sans rives
Cent vagues s'y brisent : les vagues de chaque âme.

J'ai dit à mon cœur : « Mon cœur est comme le fleuve de Djeihoun[1]
La Bien-Aimée est remplie d'amertume et a changé d'attitude envers toi. »
Le cœur a ri, disant : « C'est un mensonge !
Est-il possible que ce qui est suave soit en même temps amer ? »

O mon cœur, si tu connais cette histoire,
Pourquoi cherches-tu la séparation avec toi-même ?
Si un instant tu es absent de la Présence,
Sache qu'en cet instant tu es un incroyant.

O mon cœur, pourquoi chercher la parole et les problèmes ?
Je suis avec toi, mon cœur, si tu me cherches
Si tu ne l'as pas vu, que cherches-tu donc ?
Et si tu l'as vu, pourquoi le cherches-tu ?

Le cœur m'a demandé : « Dis-moi, qui cherches-tu ?
Pourquoi es-tu en quête dans le monde tout entier ? »
J'ai répondu : « Va-t'en ! C'est tout ce que tu trouves à dire ?
Je suis égaré par toi, et tu me parles ainsi ! »

Jusques à quand nous regarderas-tu de loin ?
Nous avons remède à tout, l'amour est faible devant nous.
Qu'est l'âme ? Un humble enfant dans notre berceau.
Qu'est le cœur ? Un exilé errant à cause de nous.

1. Fleuve du nord de l'ancien Iran, actuellement en URSS.

Tu ne jettes pas sur moi un regard :
Je pense que c'est un péché : ne le commets pas.
Pour la fleur de ton visage mon cœur gémit si tristement !
Tu ne soupires pas sur le miroir de mon cœur.

On me dit : « Viens au jardin, il est plein de beauté,
Le plaisir y est facile on n'y entend pas les cris du corbeau. »
Dans mon cœur réside un peintre habile
Qui peut sur chaque plume de corbeau peindre maintes roseraies.

Mon cœur est informé grâce à son oreille
Dans son cercle, mon cœur est toujours encerclé.
Le firmament tout entier est plein de chagrin pour Lui
Chaque atome se trouve partout, comme un soleil.

Il n'est pas possible que je te retire de mon cœur
Il vaut mieux que je livre mon cœur à ta passion.
Si je ne donne pas mon cœur au chagrin de ton amour
A quoi sert le cœur ? Pourquoi donc ai-je un cœur ?

Dieu me préserve que mon cœur demeure en un autre lieu
Loin de moi, qu'il soit honteux de ton amour.
Depuis que mes yeux sont ouverts, ils n'ont bu que ton eau
Car tu es le collyre de mes yeux et la force de mon cœur.

O infidèle, qui me demandes mon corps et mon cœur,
Vraiment, je n'ai ni ceci ni cela.
Où est l'or ? Quel or ? D'où vient l'or ? Le pauvre a-t-il de l'or ?
Où est le cœur ? Quel cœur ? D'où vient le cœur ? L'amoureux a-t-il
[un cœur ?

Je suis sans cœur, ô Bien-Aimé! Tu gardes mon cœur.
Ne sois pas fâché par chacune de mes paroles
Ou bien il faut me rendre le cœur que tu m'as pris
Ou bien il faut que tu supportes tout ce que je fais puisque je suis
[sans cœur.

Je ne sais pas, Dieu seul sait,
Ce qui est dans mon cœur et me fait sourire.
En vérité, mon cœur est comme une branche de fleurs
Qu'agite à chaque instant la brise du printemps.

La chandelle qui brûlait en cette maison, où est-elle?
Elle était devant les yeux, aujourd'hui elle est dans les cœurs.
Dans le cœur, telle une belle image, elle s'établit puis se lève pour partir.
Non, non, elle n'a pas quitté notre cœur : c'est là qu'elle demeure.

Ce cœur qui contemple le bien-aimé intérieur
Comment pourrait-il regarder les créatures de ce monde?
Je n'aurai que haine pour mes propres yeux si, le jour de ma mort,
Ils renoncent à ce visage pour regarder la vie.

Cela qui regarde à l'extérieur et l'intérieur
Dans le monde de la folie regarde de mille façons.
Regarde les yeux, comment ils regardent :
Qui est celui qui regarde de l'intérieur de mes yeux?

J'ai cherché une âme : elle était dans une mer de corail
Elle était cachée sous l'écume d'un océan secret
Dans la nuit de mon cœur, par un chemin étroit,
J'ai voyagé, j'ai voyagé, et suis arrivé à un désert.

Le cœur dans lequel n'est pas caché ton amour
Ce cœur est un infidèle, ce n'est pas un musulman
La ville où ne se trouve pas le respect du sultan
Considère-la comme en ruine, même si elle ne l'est pas.

A ton service, ô mon ami, quand mon cœur tombe
Il tombe lui-même dans une prosternation profonde.
Chaque fois que je tombe à tes pieds
Mon âme, au plus secret de moi-même, tombe à mes pieds.

O voyageur, où diriges-tu tes pas? Où?
Partout où tu vas, tu demeures dans notre cœur.
Tu éprouves, comme un poisson, un tel désir pour la mer
Que tes lèvres sèches laissent échapper des perles.

Il reste pour nous sauver une arche de Noé
Qui navigue et se meut sur l'océan de la vie.
Une plante a poussé de cet océan dans le cœur,
Mais, comme le cœur, elle ne possède ni forme ni direction.

Le cœur a couru à la suite du Bien-Aimé, mais n'est pas arrivé
Tout ce qu'il avait, il l'a perdu, mais n'est pas arrivé
Le pauvre se tient dans un coin, avec ruse
En dépit de ses artifices et de ses feintes, il n'est pas arrivé.

Tu dis : « Je suis éloigné de toi par le corps, mais tout proche par
[le cœur. »
Prends garde ! Ne pense pas que j'ai un cœur.
Si tu peux voir un jour ton image
Tu t'écrieras : « Je hais le cœur ! »

Pour nous, en dehors de ce langage est un autre langage
En dehors du Paradis et de l'Enfer est un autre lieu.
Ceux qui ont le cœur large vivent par une autre âme
Cette essence pure a une autre origine.

Pauvre cœur, miroir de chaque événement,
Si tu te retires loin des attributs, tu seras troublé.
O miroir qui admets le bien et le mal,
Pourquoi te chagriner pour cette image puisque tu ne la connais pas.

J'ai dit à mon cœur : « S'il t'est possible de parler
Dis à mon bien-aimé ma peine pendant votre dialogue. »
Le cœur a répondu : « Lors de l'union avec le Bien-Aimé, pour moi
Il n'est pas de paroles possibles, car je le regarde. »

Mon cœur s'est souvenu de toi lorsqu'il était heureux.
Par Dieu : il n'a pas bu cette coupe et l'a vidée par terre.
Le cœur s'est vu lui-même comme un cadavre sans toi :
C'est le châtiment de celui qui s'enfuit loin de son âme.

Il faut apporter dans l'autre monde une âme familière du palais
Apporter un cœur rempli de chagrin et de soupirs.
Par toi-même, tu ne peux trouver vers nous aucun chemin
Il faut, de nous vers nous, chercher un chemin.

Ton cœur n'a pas permis que tu m'abandonnes
Ou que tu me laisses quand mon trésor est tombé dans la boue.
J'ai tant parlé de toi avec des amis et des ennemis !
Quel malheur pour moi si tu me laisses confus !

Peut-on trouver un cœur plus bouleversé, plus triste que celui-ci ?
Un état de choses plus éperdu, plus troublé que celui-ci ?
Qui dans le monde entier a vu quelqu'un de triste
Plus égaré que l'univers, plus rempli de stupeur que celui-ci ?

Si j'ai affaire à mon cœur et mes yeux
Ce sera lors de l'union avec le Bien-Aimé.
Je verserai le sang de mon cœur et l'eau de mes yeux
Jusqu'à ce que je n'aie plus ni ce cœur ni ces yeux.

La pluie tombe sur mon cœur enfiévré
Quand elle se déverse à torrent, il s'enfuit en courant à la maison.
Un cygne bat joyeusement des ailes : « Que la pluie se déverse sur moi
Dieu a retiré mon âme de l'eau. »

O flamme de la prospérité, tu es montée vers le firmament
O Eau de la vie, tu t'en es allée vers Djeihoun
Je t'ai dit : « Je suis sans cœur, sans cœur. »
Je suis privé de mon cœur, puisque tu es parti.

Ceux qui sont savants dans cette science
Sont comme brins de paille pour le cœur des mystiques.
Les mystiques sont amis intimes du Roi
Tout le reste qui existe n'est rien.

O corps fait de terre, ne parle pas de la terre
Ne dis que l'histoire de ce miroir pur
Le Créateur du monde a mis en toi un attribut
Ne parle pas d'autre chose que des attributs du Créateur.

O toi qui connais l'état d'âme (*hal*) des créatures
Tu es les yeux et la lampe dans la nuit ténébreuse.
C'est toi qui fais voler le faucon de mon cœur.
Ignores-tu donc que c'est toi qui lui donnes l'envol?

O toi qui m'as rendu éveillé même dans le sommeil,
Et grâce à qui tous les problèmes sont devenus aisés dans mon cœur,
Je suis libéré des ténèbres de l'ignorance et de l'impiété
Maintenant que, je le sais, tu es connaisseur des mystères.

J'ai dit : « Tu es l'âme, on ne peut quitter l'âme. »
Il a dit : « On ne peut connaître l'âme comme on connaît le corps. »
J'ai dit : « Tu es l'océan de la bonté. » Il a dit : « Tais-toi !
C'est un joyau, on ne peut le donner comme une pierre. »

O toi dont le cœur est pareil à un océan plein de perles et de corail,
Répands-les : ce n'est pas possible pour les pauvres.
Le corps, pareil à la coquille, a ouvert la bouche, disant : « Hélas !
Comment pourrais-je, moi, être contenu là, quand l'âme même n'y
[peut entrer ? »

Tu as attiré mon cœur, ô idole tyrannique
Tu l'as blessé, il s'est lamenté mille fois
Avec des milliers de ruses, j'ai racheté mon cœur
Car on ne donne qu'une seule fois des habits à coudre à un mauvais
[tailleur.

Sans moi, des paroles sortent de mes lèvres.
Je suis sans nouvelles de celui qui parle :
Le poison et le sucre sont ce que je désire :
Comment la créature saurait-elle ce dont elle est capable ?

Il faut avoir un état particulier au tréfonds de l'âme
Écouter des histoires ne suffit pas à résoudre ce problème
Un ruisseau d'eau, à l'intérieur de la maison,
Vaut mieux que le fleuve qui coule au-dehors.

Je suis l'esclave de ceux qui se connaissent eux-mêmes
Qui, à chaque instant, libèrent leur cœur de l'erreur.
Avec leur propre essence et leurs propres attributs, ils composent
[un livre
Et ce livre, ils lui donnent pour titre « *Ana'l Haqq* ».

La poussière est verdoyante, parce que la chaleur l'anime,
Et surtout cette poussière parlante et vivante :
Cette poussière est inconsciente de celui qui la pare,
Elle est inconsciente de Celui qui lui a donné la conscience.

Le monde est verdoyant, tout rempli de jardins,
Illuminé par le visage d'une beauté souriante.
Partout brillent les joyaux venant de la mine,
Partout se trouve une âme qui correspond avec une âme.

O mon bien-aimé, par Dieu, tu es l'âme de mon âme
Quand te parviendra mon message, tu le liras.
Ne le déchire pas d'étonnement
Car tu connais l'état de mon cœur bouleversé.

Il y a beaucoup d'âmes pour tous les vivants, sauf l'Ame
Il y a beaucoup de pains pour ceux qui cherchent le pain, sauf le Pain
Toute chose agréable à laquelle tu penses en ce monde
Tu peux en trouver l'équivalent, mais non le Bien-Aimé.

O Toi, grâce à qui le monde a reçu l'âme,
L'attribut de ton Essence a résolu le problème de l'âme.
La conscience, le cœur et la raison, grâce à Toi, sont devenus la
[possession de l'âme,
Tu es l'âme de l'âme, la raison de l'âme et le cœur de l'âme.

Tu es la lumière de mon cœur et la paix de mon âme
Tu es la cause de mon trouble et celle de ma paix
Tu me demandes : « Qu'as-tu comme signe de l'Ami ? »
Notre signe de l'Ami, c'est d'être sans signe.

Chaque jour, tu te lèves à nouveau, ô Bien-Aimé de l'âme !
Tu mets une passion nouvelle dans l'esprit.
Remplis, remplis chaque matin la coupe de l'âme
O toi qui es le père et la mère de mon âme !

Si quelqu'un possède un cœur, cela vient de notre bien-aimé,
Partout où jaillit cet éclair, cela vient de notre diamant.
La monnaie d'or qui porte l'empreinte de « *Alastu* » et « Oui »
Dans chaque mine où cet or existe, c'est notre or à nous.

O toi qui as échangé contre du pain la perle de ta foi,
Toi qui as donné une mine d'or contre une graine sans valeur,
Comme Nemrod n'a pas offert son cœur à Abraham,
Finalement il a dû sacrifier sa vie à un moucheron[1].

Tous les parchemins d'Égypte et de Bagdad, ô mon âme,
Je les ai remplis de mes cris et de mes plaintes.
Une heure passée dans l'amour a plus de prix que cent univers :
Que cent âmes soient sacrifiées à l'amour, ô mon âme !

Je me suis repenti de mon repentir, ô mon âme !
On ne peut échapper au destin, ô mon âme !
Je ne suis pas fidèle à mon serment, mais il est agréable
De faire un serment au nom du Bien-Aimé, ô mon âme.

1. Tradition musulmane, selon laquelle le roi Nemrod fut tué par un moustique ou moucheron qui pénétra par le nez dans son cerveau, alors qu'il combattait Abraham.

Combien nous étions bons, délicieux, suaves !
Nous étions des âmes, nous n'étions pas des corps.
Si le Seigneur voulait nous témoigner Sa grâce
Il nous pardonnerait et nous rendrait tels qu'Il nous créa, jadis.

Si tu lis une seule page de notre livre,
Tu deviendras émerveillé ; et quel émerveillement !
Si tu assistes un seul instant à la leçon du cœur,
Tu peux attirer les maîtres vers ton propre enseignement.

Garde en secret dans ton âme mes mystères
Dissimule mes états spirituels même à toi-même.
Si tu as une âme, cache-moi comme ton âme
Considère mon impiété comme la foi.

III

La quête

J'ai été semé par fidélité pour Celui au visage de lune
Que je le veuille ou non, je suis obligé de croître
Il est l'Eau de la vie éternelle, et je suis le ruisseau
Et quand l'Eau me cherche, je cherche en cet instant.

Ces mondes célestes, limite de notre connaissance,
Dans la main de la puissance divine sont moindres qu'une brindille.
Chaque atome et chaque goutte seraient-ils une baleine,
Tout ce qui existe est comme un poisson dans la mer.

Aie le courage du faucon et la fierté de la panthère
Magnifique au moment de la chasse, et victorieux au moment de la
[guerre.
Ne t'attarde pas auprès du rossignol et du paon
Car auprès de l'un il n'y a que malheur, auprès de l'autre
[l'apparence des couleurs.

C'est un roi qui connaît quelque habit que tu portes
Si tu parles sans bouche et sans langue, il le sait
Tout le monde connaît le désir pour les paroles :
Je suis l'esclave de celui qui connaît le silence.

Ne permets pas aux tentations de te rendre faible
Comme le serpent, elles te trompent et t'induisent en erreur
Afin que te saisisse cette lune incomparable :
Le ciel s'étonnera de la façon dont elle te saisira.

En la présence de la sainteté divine, les derviches
Sont auprès de Lui à la place d'honneur.
Désires-tu que ton cuivre soit transformé en or ?
Demeure avec eux, ils ont la pierre philosophale.

Dans l'entrepôt de sucre bourdonnent les mouches.
Quand l'entrepôt de sucre a-t-il peur des mouches ?
Cet oiseau s'est posé sur la montagne, puis s'est envolé :
Qu'a-t-il apporté à la montagne et que lui a-t-il enlevé ?

O toi dont la pensée est enchaînée, tes pieds ne sont-ils pas libres ?
Finalement, tu l'as vu, le mouvement est, lui aussi, mystère.
Dans le mouvement, il est certain que la liberté devient sans contrainte
L'eau du puits et celle de la rosée sont rendues différentes par cela.

L'oiseau de l'âme ne désire pas s'envoler vers le ciel
Nulle des six directions ne l'incite à prendre son essor.
Tu demandes : « Où voler à tire-d'aile pour Le trouver ? »
Mais où peut-on s'envoler où Il ne serait pas ?

Un oiseau angélique vole de l'autre côté du monde
Dans cette direction sans direction de cette façon il vole.
Cet oiseau qui est né de l'œuf du Simorgh[1]
Dis-moi, comment volerait-il, sinon vers le Simorgh ?

O toi dont la meule est faite des épis nourris de l'Eau de la vie
La grange du monde est remplie des semences des morts
Je ne veux pas de cette grange, car elle est pleine des offrandes d'autrui
Donne-moi une part, ce soir, de ta propre meule.

Il n'est pas vrai que mon cœur soit las de cette fête nocturne
Ni que notre échanson soit fatigué, las.
Le sommeil fait pencher la tête de la raison comme une ombre :
Viens plus tôt demain, car ce soir il est tard.

Hélas, l'heure est tardive, et nous sommes éperdus
Dans un océan dont on n'aperçoit pas les rives.
Une barque, la nuit, le nuage : Nous ramons
Dans l'océan de Dieu, avec Sa grâce et Son secours.

Je conseille à mon cœur de ne pas partir.
Je suis auprès de ma belle idole, qu'il ne parte pas de là.
Cette beauté serre les lèvres, disant : « Où es-tu resté ? »
Qui est-il, qui est-il, celui qui peut partir ou rester ?

1. Oiseau fabuleux perché sur le mont mythique Qaf.

Tout lieu où pour toi existe une berceuse
Fuis-le, car là se trouve un danger.
En chaque endroit où un conteur récite des poèmes
Est la destruction d'une maison et d'un palais.

Tu t'es enfui au désert avec les ailes du cœur
Ce désert est perdu dans l'étendue de ton cœur
Qu'est-ce qu'un tel désert? Les sept cieux sublimes
Sont comme une paume de main, auprès de l'océan de ton cœur.

Je viens de cette âme qui est l'origine de toutes les âmes
Je suis de cette ville qui est la ville de ceux qui sont sans ville
Le chemin de cette ville n'a pas de fin
Va, perds tout ce que tu as, c'est cela qui est le tout.

Il est venu, il est venu, celui qui n'est jamais parti
Cette eau n'a jamais manqué à ce ruisseau
Il est le trésor de musc et nous sommes son parfum :
Vis-tu jamais le musc séparé du parfum?

Tu seras loin, si tu es loin du Bien-Aimé,
Tu seras cassé de la branche de fleurs, tu deviendras une brindille.
Dans les yeux de quelqu'un, tu trouves ta propre place :
Tu deviendras la pupille de l'œil de ce quelqu'un.

Lorsqu'à une époque arrivent des jours sombres
Le héros n'est pas celui qui atteint la renommée
Si tu veux la perle, il te faut la chercher au fond de la mer :
Car c'est l'écume, ce qui apparaît sur le rivage.

Il n'existe personne qui ne désire un amour,
Il n'existe personne qui n'ait au cœur cette passion.
La cause de ce goût, la cause de ce désir,
Il est clair qu'elle existe; mais nul ne la connaît.

Pour l'amoureux assoiffé, il existe du vin, ne crains pas!
Tu es resté sans eau, il y a de l'eau auprès de toi, ne crains pas.
Tu es un trésor, si ta maison est en ruine, ne crains pas.
Éveille-toi du monde, qui est un rêve. Ne crains pas!

Nous sommes les paresseux de l'amour, dormant sur le sol,
Car Sa grâce a rendu la terre tels un coursier et une selle
Pour qu'elle emporte ces endormis, dans leur sommeil,
Comme les dormants de la Caverne[1], jusqu'au plus haut ciel.

O lune, tu es la cause du rachat de mes péchés.
Non, tu es la corde du Joseph de l'âme, pour sortir du puits.
Non, peut-être es-tu le guide du chemin du Paradis,
Tu es celui qui ouvre des milliers de soleils.

O roue du firmament! Par la ruse et la fraude,
Tu as gagné au jeu sur l'échiquier de mon cœur!
Tu me verras un jour à la table du ciel
Prendre des coupes pareilles à la lune.

1. Cf. Qur'an, XVIII.

Je suis l'éclair en ce monde, si vous êtes à moi
Ne venez pas trop près de moi avec votre dialectique.
J'ai du poison, et mon emblème est la victoire.
Où est cet emblème? Mais prenez garde au poison!

Ceux qui sont philosophes et voient le chemin
Connaissent mot à mot tes mystères.
Mais par générosité on ne déchire pas les voiles :
Ils se satisfont du temps comme il passe.

D'une catégorie de gens, on raconte une histoire
D'une catégorie, on recherche la grâce
Les âmes cachées dans les corps cherchent un secret,
De quartier en quartier, elles cherchent ce quartier.

O toi asservi au froid de l'hiver comme le corbeau
Tu es privé du rossignol, de la roseraie et du jardin
Écoute! Si par négligence tu laisses échapper cet instant
Tu feras bien des recherches, avec cent yeux et cent flambeaux.

Il est bon de franchir chaque jour une étape
Comme l'eau vive qui ne stagne pas.
Hier s'est enfui, l'histoire d'hier elle aussi est passée
Il convient aujourd'hui de conter une histoire nouvelle.

L'eau qui coule n'est pas lasse des poissons
Et le poisson n'est pas las de cette eau qui coule.
Ni l'âme ni le monde ne sont las des amoureux
Ni l'amour n'est las de l'âme et du monde.

Je dis : « Quel est celui qui élève mon âme?
Celui qui m'a donné l'âme au commencement.
Parfois, il voile mes yeux comme ceux du faucon;
Parfois, comme le faucon, il me lance vers la proie. »

Dans ton quartier, les amoureux viennent en foule
Le sang de leur cœur coule de leurs yeux, puis ils s'en vont.
Moi, je reste à ton seuil, comme la poussière
Mais les autres vont et partent comme le vent.

Ceux qui s'en vont, purs et simples comme l'eau,
Dans les veines et le cerveau du monde pénètrent comme le vin.
J'ai cessé de marcher, je reste étendu
Car dans un bateau on avance étendu.

Dans l'océan de l'imagination, je suis pris dans un tourbillon
Mais peut-être le courant me tire-t-il vers le large.
O toi aux yeux demi fermés! Je suis l'esclave de celui
Qui sait, même dans le sommeil, que je suis endormi.

O yeux languissants et ensommeillés, vous volez mon sommeil!
O tulipe pleine de rosée, tu as volé mon eau!
O jacinthe faite de boucles, à cause de toi je suis enchaîné.
O toi, joyau sans prix, quand pourrai-je te trouver?

Puisque tu n'es pas esclave, parle haut, comme un roi
Tu lances les flèches de tes regards à ton gré
Libéré des limites de toi-même et d'autrui,
Demeure sans toi-même, puis bats du tambour de Dieu.

Fais un pas en avant, bien que la route soit infinie,
Car regarder au loin est l'affaire des hommes vils.
La fin de la quête est obtenue par la vie du cœur :
La vie du corps, c'est l'état des animaux.

Je suis allé vers le seuil de cet ami fidèle
Il est sorti et venu vers moi en riant
Il m'a embrassé avec passion, avec douleur,
En disant : « O toi *aref*[1], amoureux, savant ! »

Nous ne sommes pas les seigneurs de la campagne, nous sommes le [vulgaire.
Nous ne sommes pas dans les maisons à la place d'honneur.
Non, non, nous sommes comme le pinceau dans la main du peintre,
Ou plutôt nous ignorons même le lieu où nous sommes.

Au sein du firmament, quand ton amour est établi,
Tout le tumulte et tout le trouble montent jusqu'au ciel.
Quand le monde entier devient esprit, il n'y a ni haut ni bas
Parce que ton amour attire l'esprit vers les hauteurs.

Si tu es à la recherche de la demeure de l'âme, tu es une âme
Si tu es en quête d'un morceau de pain, tu es du pain.
Si tu peux saisir le secret de cette subtilité, tu comprendras :
Chaque chose que tu recherches, c'est cela que tu es.

1. Connaissant mystique.

Il faut que ton esprit soit très las,
Il faut que tu aies une mauvaise renommée.
Si tu es un homme, il faut se contenter des hommes,
Si tu es un ange, il faut monter au ciel.

Le firmament m'a dit : « O toi qui es, comme moi, bouleversé,
Celui qui est bouleversé, c'est parce qu'il est la Création.
Ne sera pas bouleversé celui qui possède une autre dimension,
Car c'est de lui que chaque firmament tire sa direction. »

C'est un mystère que le Bien-Aimé chante bouche close
Il connaît la cause de nos actions
En cent lieux, nous connaissons l'écluse du moulin
Quand l'eau est absente, le moulin ne tourne pas.

Ton amour est venu dans mon cœur et il est parti joyeux.
Il est revenu, a revêtu l'habit de l'amour, et s'en est allé.
Timidement, j'ai dit : « Reste deux ou trois jours ! »
Il s'est assis, et il a oublié à présent de partir.

Ce roi qui pardonne tous les péchés s'en est allé
Et cette nuit, meilleure que cent mille lunes, s'en est allée.
S'il revient, il ne me trouvera pas. Toi, dis-lui :
« Il était, comme vous, au bout du chemin, et il s'en est allé. »

Pour les derviches, le faste est une honte
Pour les esprits, la pompe est comme un fardeau
Dans la voie de l'Ami, la pauvreté absolue vaut mieux
Dans Son chemin, la richesse est une ronce.

Pour nous, en dehors de ce langage est un autre langage
En dehors du Paradis et de l'Enfer est un autre lieu.
Ceux qui ont le cœur large vivent par une autre âme
Cette essence pure a une autre origine.

L'océan ne peut me désaltérer, comment le ferait le ruisseau?
S'il n'est pas de roseraie pour moi, que peut faire le parfum?
Si l'Ami s'éloigne de moi, ce n'est pas sa faute,
Je reste et je patiente dans l'attente de ce qu'il fera.

Tu es celui qui fait se réjouir le firmament,
Si l'homme est épris de toi, quoi d'étonnant?
Tant que je vivrai, je serai ton serviteur :
Si tu le veux, appelle-moi; si tu le veux, ne m'appelle pas.

O gens de la pureté, qui errez en ce monde,
Pour une seule idole, pourquoi être ainsi égarés?
Celui qui vous cherche en ce monde,
Cherchez-le en vous-même : c'est vous qui êtes cette idole.

Chaque cœur éloigné des désirs charnels
Réclame des états spirituels et des prodiges.
Dans le mystère des attributs divins il obtient des *maqam*[1]
Quand il s'est purifié de ses propres attributs, il devient l'Essence
[(divine) même.

1. « Station » ou « degré » dans la Voie mystique.

Ce confident intérieur qui te murmure des secrets
Te donne l'espoir de parvenir jusqu'au lieu sacré.
Jusqu'au dernier souffle, accepte ce qu'il te dit :
C'est par bonté qu'il te donne, non par jeu.

Une coupe de ta douleur est une mer du monde,
Le monde est perdu par toi, le monde entier.
Le monde veut prendre son envol, à cause de ton amour,
O toi dont la jalousie d'amour a attaché les ailes du monde !

Le cœur, dans sa recherche du Bien absolu,
Grandit et devient pareil à une mer.
Le cœur est ensanglanté, mais il rend grâces à Dieu
Car bien des cœurs saignent, par désir de cette douleur.

Combien de temps resteras-tu comme un ouvrier sans salaire?
Combien de temps mangeras-tu des ronces, comme le chameau?
Combien de temps courras-tu après le pain et le *dinar*?
O incroyant, fils d'incroyant ! Cherche enfin la religion !

Le rossignol est venu dans le jardin, et nous avons échappé aux [corbeaux
Allons dans le jardin avec toi, ô mes yeux et mon flambeau !
Comme le lys et la rose, sortons de nous-mêmes
Comme l'eau qui court, courons de jardin en jardin.

Venez dans le jardin, voyez ceux qui sont vêtus de vert
Partout se trouvent les boutiques des vendeurs de fleurs
La rose rit, et dit aux rossignols :
« Soyez silencieux, et regardez ceux qui gardent le silence. »

O mon cœur, à chaque instant comme la poussière tu voles dans le vent
Tu mets ton âme dans la main du chagrin, et tu deviens heureux
Cette fois, tu es dans le feu, et je t'y laisse
Peut-être que cet accident te rendra subtil.

Quand, dans la voie de la Vérité, tu deviens agile et subtil,
Tu es la lumière du firmament, tu remontes vers le ciel.
Ta place est dans l'empyrée : n'as-tu pas honte
De rester, comme l'ombre, dans le domaine de la terre?

Avec la puissance de l'aigle et la noblesse du lion
Viens dans l'entrepôt de l'âme avec des yeux qui ne soient pas avides.
Hâte-toi de te rendre là où ne sont ni tôt, ni tard
Va vers les hauteurs, là où n'existent ni haut, ni bas.

O toi dont la pensée est enchaînée, tes pieds ne sont-ils pas libres?
Finalement, tu l'as vu, le mouvement est, lui aussi, mystère.
Dans le mouvement, il est certain que la liberté devient sans
[contrainte.
L'eau du puits et celle de la rosée sont rendues différentes par cela.

Non, ne dis pas : « Les pèlerins n'existent pas,
Ceux qui, comme Jésus, ne sont pas visibles à nos yeux. »
Parce que tu n'es pas proche des mystères
Tu penses que les autres aussi ne le sont pas.

Le monde entier est l'ombre de Ses attributs
Grâce à Son existence, tous sont étonnés par Lui.
Et ceux qui existent par le voile de Sa vie
Ne sont pas seulement des attributs, ils sont Son essence.

Levez-vous, que nous allions dans le clair de lune
Dans le jardin de fleurs et de narcisses éveillés.
Nous avons conduit notre bateau trois mois sur la glace
C'est le moment, ô mes frères! de nous en aller sur l'eau.

L'amour est sans origine, c'est un océan sans bornes
C'est la mer infinie, et les secrets antiques
Les âmes sont toutes plongées dans la mer et y demeurent
Une goutte de cet océan est l'espoir, et le reste est la peur.

Tu es la mer spirituelle, et nous sommes l'écume
Nous sommes là où s'en va la vague
De cette main qui est tachée par le sang de l'amour
Frappe-nous, car nous sommes dans ta main comme le *daf*[1].

Cette cour, dont la largeur n'est pas grande,
Ne t'occupe pas du bâtiment qui s'y trouve, laisse cette obscurité.
Ce monde est de l'argent qui ne vaut pas un grain d'orge,
Ou bien une auberge qui ne coûte pas un sou.

1. Tambour de basque.

Dans notre esprit sont une autre intention et une autre occupation
Notre douce bien-aimée est une autre beauté.
Par Dieu ! Nous ne nous contentons pas même de l'amour
Pour nous, après cet automne, est un autre printemps.

Dans ton âme, il y a une âme : cherche cette âme.
Dans le mont de ton corps, il existe une perle : cherche cette mine.
O soufi pèlerin ! Si tu cherches Celui-ci
Ne cherche pas en dehors de toi : cherche en toi-même.

Si tu es patient, nous déchirerons le voile de ta patience
Si tu deviens le sommeil, nous enlèverons le sommeil de tes yeux
Si tu deviens la montagne, nous te fondrons dans le feu
Si tu deviens l'océan, nous boirons toute ton eau.

O mon âme ! Sais-tu qui est ton Bien-Aimé ?
O mon cœur ! Sais-tu qui est ton invité ?
O mon corps qui de toute façon cherche une route
C'est Lui qui t'attire : vois quel est Celui qui te cherche.

Ce n'est pas la voie de l'union que tu as imaginée
Ce n'est pas le monde de l'âme que tu as quitté
Cette source où Khezr a bu l'Eau de la vie[1]
Se trouve sur ton chemin, mais tu l'empêches de couler.

1. Cf. *Qur'an*, XVIII. Le prophète Khezr (*Khadir* en arabe), personnage mystérieux qui va chercher la source de l'Eau de la vie dans les ténèbres.

Je me souviens de toi, et mon cœur se met à palpiter
Et des larmes de sang coulent de mes yeux.
En quelque endroit qu'arrivent les nouvelles de l'Ami
Mon pauvre cœur, hors de mon corps, veut s'envoler.

Au fil de l'eau sont partis mes vers, mes *ghazals*, ma poésie.
Le torrent a emporté ces habits que nous n'avions pas
Mon bien et mon mal, mon ascèse et ma piété.
On m'a donné la lumière de lune, et on l'a remportée.

Dans l'amour, mille âmes et mille cœurs ne sont pas suffisants.
Qu'est-ce que l'âme? Personne ne parle de l'âme.
Celui-là parcourt ce chemin qui, à chaque instant,
Offre cent vies, mais ne regarde pas derrière lui.

Le soleil qui dans la maison ne demeure pas
S'en va de place en place, et ne demeure pas.
Cette lumière qui ne cherche à atteindre d'autre but que le ciel
Dit : « Notre essence ne se trompe pas. »

Tu ne peux te libérer du monde en prêtant l'oreille
Tu ne peux te libérer de toi-même par beaucoup de paroles
Tu ne peux te libérer de tous les deux,
Du monde et de toi-même, sauf par le silence.

Chaque atome est comme un affamé à la table de Dieu;
S'il mange jusqu'à l'éternité, cette table demeure.
A la table de la prééternité, en dépit du tumulte du monde,
On a beau manger, la table est toujours pleine.

Tu prétends être au courant de tous les arts,
Cette ignorance suffit, de ne pas te connaître toi-même.
Tant que tu n'es pas certain de l'unité et la multiplicité en toi-même,
Tu ne peux pas être ami avec les anges.

Ma bien-aimée m'a regardé, hier, avec tendresse,
Disant : « Sans moi, comment peux-tu vivre ? »
J'ai répondu : « Par Dieu, comme un poisson sans eau. »
« C'est ta faute », me dit-elle, et elle pleura pour moi.

O Toi dont le beau visage est un objet de désir pour toutes les
[beautés du monde,
O Toi dont les beaux yeux sont la *qibla*[1] de tous les pieux croyants,
Je me suis dévêtu de tous mes attributs
Afin de m'immerger dans le fleuve de ta beauté.

Je suis pareil au cavalier monté sur un cheval sauvage
Dans le désert, le cheval court, le mors aux dents
Il vole comme l'oiseau pour se libérer de la cage
Mais la halte de ce coursier, où est-elle, où est-elle ?

J'ai été séparé de mon bien-aimé au printemps :
Que sont dès lors pour moi fêtes et réjouissances ?
On dirait que le jardin n'a pas de verdure, mais des épines,
Que le nuage au lieu de pluie fait pleuvoir des pierres.

1. Direction de la prière rituelle (La Mecque).

Tu as dit : « Viens, le jardin et le printemps sourient.
Il y a des flambeaux, du vin, des beautés. »
En ce lieu où tu n'es pas, que me fait tout cela?
Et là où tu te trouves, à quoi bon toutes ces choses?

Tu es la raison, on ne peut choisir ce qui est contre toi,
Tu es la religion, on ne peut briser ton pacte,
Tu es la science, on ne peut arriver à la fin de toi,
Tu es l'ascétisme, on ne peut se libérer de ta cage.

O cœur triste et passionné, va-t'en à la recherche de la passion
Sois amoureux de la passion de ton cœur.
Tu te bats avec ton ombre pécheresse :
C'est ton ombre qui est ton ennemi, reste seul.

Bien que tu sois las, un moment reste avec nous,
Ne t'enfuis pas loin des amis, reste dans ce tumulte
Ou, comme mon cœur, sois amoureux et passionné,
Ou borne-toi à regarder la passion.

J'ai dit à mon cœur : « Ne te considère pas comme supérieur aux autres
Va, et sois le remède de la tendresse, ne sois pas comme un dard
Si tu veux qu'il ne t'arrive pas de mal de la part d'autrui
Ne sois pas médisant, malfaisant, mal-pensant. »

O cœur, va-t'en, et sois au nombre des prévoyants
Dans le monde des étrangers, reste avec tes proches
Si tu veux que la brise matinale soit ton coursier
Sois la poussière du cheval des derviches.

Il est une saison bénéfique comme l'union avec l'Ami.
Par la mort du corps, la lampe du cœur est devenue vivante,
Par le sourire de l'éclair, le nuage est devenu pleurant,
Et par ces larmes du nuage, le jardin est devenu souriant.

O Seigneur, ne m'abandonne pas à un *nafs*[1] tentateur,
Ne me laisse pas avec quoi que ce soit d'autre que Toi!
Je cours vers Toi, par peur de moi-même,
Je suis à Toi, ne me rends pas à moi-même.

O Toi qui as fait du Jour de l'*Alast* la souveraineté et la prospérité,
O Toi qui as fait dire à la créature : « Dites qu'Il est le Dieu unique »,
Comme l'éclat du jour entre par ma porte,
Vois, mon visage est tourné vers la porte.

O toi, verdure de chaque arbre, de chaque jardin, de chaque brin d'herbe
O toi, mon bonheur et ma félicité, mon but et mon maître
O toi la retraite, le *sama'*[2], la sincérité et l'artifice,
Sans ta présence, toutes ces choses ne sont que mélancolie, viens!

Si tu ne perçois pas le parfum dans ce quartier, ne viens pas!
Si tu ne laisses pas tes vêtements, n'entre pas dans ce ruisseau.
Dans cette direction d'où proviennent toutes les directions
Demeure, et ne viens pas dans cette direction-ci.

1. Ame charnelle tentatrice.
2. Oratorio spirituel généralement accompagné de la danse symbolique des derviches.

Frappe avec une pierre l'aiguière des paroles ignorantes,
Attache-toi à l'habit de ceux doués d'intelligence.
Ne reste pas un seul instant avec les ignorants :
Le miroir se rouille, quand on le met dans l'eau.

O mon cœur éperdu ! Vers le Bien-Aimé il est un chemin venant de l'âme !
O toi qui es égaré ! Il est un chemin, secret mais visible.
Les six directions sont effacées ? Ne crains rien :
Au plus intime de ton être se trouve un chemin vers le Bien-Aimé.

Au-delà du monde de l'incroyance et de la foi, il est un lieu :
Ce n'est pas la demeure de l'impur et de l'orgueilleux.
Il doit sacrifier son cœur et son âme à l'Ame,
Celui qui désire avoir une telle demeure.

Dans le quartier de l'imagination, que cherches-tu ?
Pourquoi laver tes yeux dans le sang de ton cœur ?
De la tête jusqu'aux pieds existe la Vérité :
O toi qui es sans nouvelles de toi-même, que cherches-tu ?

Sur le feu, comme un chaudron, cherche-toi toi-même
Fais-toi bouillir toi-même, et ne t'échappe pas partout
Ton but est la pierre précieuse, va, cherche-la
C'est par ce feu que tu seras transmué en pierre précieuse.

Celui qui se trouve dans la demeure du Roi
Le doit à la bienveillance, à la grâce, à la largesse du Roi.
Comment avec négligence pourrait-on arriver au Roi ?
A partir de cette négligence, il y a un très long chemin.

Toute âme pure qui connaît la route de la vérité
Sait que chaque chose provient de cet atelier.
Celui qui naquit au sein d'un firmament qui tourne, peut-on dire
[qu'il y a là une faute?
Car le firmament tourne sans qu'il soit de sa faute.

Celui qui possède le firmament connaît seul tes secrets
Il connaît cheveu par cheveu, veine par veine.
Tu as trompé tant de monde par tes ruses!
Que peux-tu faire avec Lui qui connaît tout, mot à mot?

Ce jeûne, comme un tamis, passe au crible mon âme,
Il fait apparaître les scories cachées.
Une coupe près de laquelle la lune éclatante paraît sombre,
Quand elle réapparaît, illumine le ciel de Saturne.

Tu prends ton envol, quand tu es avec des amis
Tu n'es qu'une aile blessée quand tu te trouves loin d'eux.
Tant que tu voles, tu manifestes ton empire
Si tu deviens lourd, tu es égaré par le vent.

O vent du matin, par bonté,
Peut-être conteras-tu mon histoire à mon Bien-Aimé.
Non, non, je me trompe, si tu connaissais vers lui un chemin,
Pourquoi le chercherais-tu tout autour du monde?

Si je connaissais la valeur de ma propre perfection
Le pan de ma robe serait libéré de la terre.
Rapide et léger, je prendrais mon vol vers le ciel
Et lèverais ma tête vers la neuvième sphère.

O brise matinale, va dans le quartier de cette beauté aux longs cheveux
Raconte-lui l'état de mon cœur, si tu le peux
Mais si cette bien-aimée n'est pas contente
Ne parle pas, tu ne m'as pas vu.

Ceux qui sont à ta recherche, nuit et jour,
Sont des chasseurs secrets, mais ils sont peu nombreux.
Si tu deviens l'ami intime de quelqu'un, on te sépare de lui,
Si tu ne pars pas de toi-même, on te tire de force.

Je ne te laisse pas dans mon cœur devenir triste,
Je ne te laisse pas dans mes yeux devenir humilié,
Je te fais une demeure dans mon âme, non dans mes yeux et mon cœur,
Afin qu'à mon dernier souffle tu sois mon Bien-Aimé!

Si tu es loin de l'ombre des amoureux
Le soleil te frappe et tu deviens malade.
Cours devant et derrière les amoureux, comme l'ombre,
Afin de devenir la lune et le soleil pleins de lumière.

Le tyran de l'âme, de la douce âme, c'est toi
La lumière de Moïse et le mont Sinaï, c'est toi.
O Bien-Aimé, l'âme n'a aucune puissance
Pour t'appeler nommément, en disant que c'est toi.

Quelque temps, au milieu des créatures, nous nous sommes attardés
De leur fidélité nous n'avons obtenu ni parfum ni couleur.
Mieux vaudrait que nous restions cachés aux yeux des créatures
Comme l'eau dans le fer, comme le feu dans la pierre.

Il ne faut pas penser très sérieusement à ce problème
Par l'effort, celui qui est faible n'arrive à rien.
Il faut qu'une clé soit octroyée par la grâce de Dieu
Afin qu'elle ouvre la serrure de ce problème.

Tu cherches la perle : on ne peut la trouver dans un ruisseau
Le chercheur de perles doit être au fond de la mer
Cette perle précieuse convient à celui
Qui revient assoiffé de l'Eau de la vie.

O vous plus importants que la lune et le clair de lune,
Pourquoi vous satisfaire de l'existence terrestre?
O gens de la taverne, qui êtes en danger de mort,
Levez-vous! Pourquoi dormir jour et nuit?

O gens d'oraison qui êtes dans le *mihrab*
La destination est lointaine, hâtez-vous un peu!
Et vous, gens de la taverne qui êtes en danger mortel
Cent caravanes sont passées, et vous restez endormis.

Le jour de notre Bien-Aimé n'a pas encore paru :
Il faut donc s'éloigner peu à peu de l'amour.
Mon cœur dit : « C'est impossible, impossible! »
Il penche la tête et sourit en secret.

En souvenir de Ta lèvre, je baise le rubis de ma bague
N'ayant pas celle-là, je baise celui-ci
Ne pouvant parvenir à Ton ciel
Je me prosterne et je baise la terre.

J'ai dit : « O mon idole ! Es-tu mon Bien-Aimé ?
Maintenant que je te regarde bien, je vois que tu es mon âme
Je deviendrai incroyant, si tu m'abandonnes
O mon âme et mon univers ! Tu es ma piété et ma foi. »

Je ne suis pas moi, et tu n'es pas toi, et tu n'es pas moi,
En même temps, je suis moi, et tu es toi, et tu es moi.
Je suis avec toi de telle façon, ô ma beauté de Khotan,
Que je me demande si tu es moi, ou si je suis toi.

Reviens, car le Bien-Aimé a fait une promesse :
« Je n'oublie pas ton amour, je t'aime cent fois plus qu'auparavant. »
Toi qui n'as qu'une seule âme, tu es toujours avec l'amour :
Comment pourrait-il t'oublier ? Il est l'âme de l'âme !

Sache qu'au-dedans de toi il est comme une caverne
Derrière cette caverne se trouve un étrange bazar
Chacun a choisi un bien-aimé, et choisi un travail :
Ce bien-aimé est caché, c'est un bien-aimé étrange.

Nous sommes tous des jouets pour l'autorité de Dieu
Il est richesse et puissance, nous sommes tous des mendiants
A quoi bon chercher des privilèges l'un sur l'autre ?
Alors que nous nous trouvons tous au seuil d'une seule maison.

Nous sommes à la fois le miroir et le visage
Nous sommes ivres de la coupe éternelle
Nous sommes le remède et la guérison
Nous sommes l'Eau de la vie et l'échanson qui la verse.

Tu es l'eau, et nous tous sommes les plantes
Tu es le roi, et nous tous des mendiants
Tu es l'orateur, et nous sommes la parole
Tu es le Chercheur, pourquoi ne venons-nous pas tous à Toi ?

O atome, si tu veux t'enfuir loin du soleil
Si tu ne peux échapper, ne lutte pas.
Tu es comme une amphore, et le destin comme une pierre
Ne lutte pas avec la pierre, ne verse pas ta propre eau.

Cent fois l'Ami m'a dit : « Ne t'enfuis nulle part.
Si tu t'enfuis, sauf vers nous, ne fuis pas.
Chaque fois que de l'image du loup tu as peur,
Va vers la ville, ne fuis pas vers le désert. »

Cent fois j'ai dit : « Ne t'enfuis pas loin de ceux qui sont ivres
Donne-leur ton âme, ensuite retire-toi, mais ne fuis pas
Écoute mon conseil : celui qui fuit ne peut rester tranquille
Si tu désires l'âme, ne fuis pas le cercle de l'âme. »

Si la vision de la forme recèle pour toi un piège,
Enfuis-toi sur-le-champ, si tu peux marcher.
Dans dix-huit mille mondes, celui qui a un cœur
Sait bien qu'il n'existe ni mouvement ni repos.

Dans le monde entier, le trésor caché, c'est nous
Celui qui possède les biens éternels, c'est nous
Quand nous sommes passés hors des ténèbres de l'eau et de l'argile
Nous sommes à la fois Khezr et l'Eau de la vie.

Nous sommes le trésor des secrets de Dieu
Nous sommes la mer des perles infinies
C'est nous qui avons conquis, depuis la lune jusqu'aux poissons
C'est nous qui nous sommes assis sur le trône du Roi.

O messager de mon âme, tu es aussi précieux que l'âme !
Que dis-je l'âme ? Tu es aussi précieux que les deux mondes.
Ce vieux monde n'a pas de valeur sans toi,
Ce prix, c'est là ce que je te demande.

Cette branche de fleurs un jour portera des fruits.
Ce faucon, un jour, aura le désir de la chasse.
Son image va et vient vers toi.
Combien de temps partira-t-il ? Un jour, il restera.

Je suis si près de toi que je suis loin de toi
Je suis si mêlé à toi que je suis séparé de toi
Je suis si manifeste que je suis caché
Je suis si fort que je suis affaibli.

Puisque tu sais que je suis très loin de la loyauté,
Si je fuis la compagnie des gens honnêtes, j'ai raison.
Il est tel un guide, et je suis un aveugle
Je ne marche pas par moi-même, je suis conduit.

Tu n'es ni l'eau ni la terre, tu es autre chose
Tu voyages au-delà de ce monde d'eau et d'argile.
Le cœur est le ruisseau, et l'âme l'Eau de la vie qui y coule
Là où tu te trouves, tu es sans nouvelles de tous deux.

IV

La nuit - le jour

Aujourd'hui, comme tous les jours, nous sommes détruits, détruits
Jusqu'au Jour de la Résurrection, nous n'échapperons pas aux flots.
Une nuit, le clair de lune est venu égorger le sommeil
Le clair de lune ne craint pas de verser le sang.

La nuit s'en est allée. Où cela? Où elle était.
Il est évident que tous les êtres reviennent chez eux.
O nuit, si tu t'en vas au lieu de notre rendez-vous,
Raconte de ma part dans quel état je suis.

Cette nuit, où tu es tombée dans mes bras,
Tu essaies en vain de te libérer de moi.
Par Dieu, tu ne pourras m'échapper, ô mon beau cyprès!
Tant que tu poseras ton sein sur mon cœur affligé.

Je dis : « Il est maintenant très tard, ô ma lune! »
Elle dit : « Comment la lune peut-elle être tardive?
Une lune qui se détourne du soleil
Aussitôt devient pareille à la nuit sombre. »

C'est l'aube, et la brise matinale souffle avec le parfum du musc
Sache qu'il est passé par le quartier d'Un tel
Réveille-toi, pourquoi dormir? Car le monde passe
Respire ce parfum, car la caravane passe.

La nuit vient, tout le monde va dormir
Comme les poissons, ils vont tous dans l'eau.
Quand se lève le jour, les uns vont vers les moyens
Et d'autres vont vers Celui qui donne.

O toi par qui mon étoile et mon destin sont éveillés, ne dors pas.
O toi, l'éclat du printemps et de la roseraie, ne dors pas.
O toi aux yeux enivrés et cruels, ne dors pas.
Cette nuit est la nuit de la joie, sois attentif, ne dors pas.

Je vois ton visage, et crois voir la pleine lune
Là où tu te trouves, c'est la place la meilleure.
Cette nuit où je te vois, ô splendeur de la fête!
Pour ma vie, cette nuit est la Nuit du Destin[1].

Dis jusqu'à la nuit: « Notre jour n'a pas de nuit;
Dans notre religion de l'amour, il n'est d'autre religion que l'amour.
L'amour est cet océan sans limites et sans rives
Beaucoup s'y noient sans plaintes et sans gémissements. »

1. *Leylat-ul Qadr*, Nuit du Destin ou du Décret, vingt-septième jour du mois de Ramadan, durant laquelle le Qur'an fut révélé au prophète Mohammad. Cf. Qur'an, XCVII.

O nuit, quelle nuit es-tu ? Les jours sont tes esclaves.
Tu es une mer, et l'âme de l'âme est une de tes étincelles.
Dans mon cœur, elle flamboie ce soir
Ce feu et ce trouble sont dans ton esprit.

Quand tu te bats avec les ténèbres de la nuit,
Déchire par ton esprit le sein de la nuit.
Dans la *Ka'ba*[1] de l'amoureux, tourne une fois,
Et comprends que la *Ka'ba* tourne en même temps avec toi-même.

Celui dont la beauté est telle que toutes les Péris le jalousent
Cette nuit est venu, pleurant pour mon cœur
Il pleurait et je pleurais, jusqu'à ce que vînt l'aube
Il a demandé : « C'est étrange ! De nous deux, qui donc est l'amant ? »

Cette nuit est venue l'image de ce Bien-Aimé audacieux
Dans la maison de mon corps, il a cherché la place du cœur.
Quand il l'a trouvée, il a saisi un poignard
Et frappé mon cœur : qu'il en soit loué !

Pars dans la nuit, car la nuit est pour toi le guide des mystères,
Car tout est caché aux yeux étrangers.
Le cœur amoureux et les yeux ensommeillés,
Nous serons occupés jusqu'à ce que se lève l'aurore de la beauté de
[l'Ami.

1. Temple élevé par Abraham au Dieu unique, situé au centre du sanctuaire de La Mecque, et autour duquel se font les circumambulations des pèlerins.

C'est la nuit. Quelle brûlure est dans ce cœur ! O merveille !
J'imagine que c'est le lever du jour. O merveille !
Il n'est ni nuit ni jour pour les yeux de l'amour,
La vision charnelle est retirée par les yeux de l'amour. O merveille !

Enlève les voiles, ce soir, tout à la fois
Ne laisse pas un seul fil entre les deux mondes, ce soir
Hier, tu parlais de l'âme et du cœur :
Nous les plaçons devant toi, détruits et affligés, ce soir.

Ce soir, les connaisseurs des mystères sont ivres
Ils sont assis derrière le voile, avec l'Ami.
O existence étrangère ! Écarte-toi de ce chemin !
La présence des étrangers est inopportune, ce soir.

Nous nous battons avec le jour parce qu'il passe
Comme le torrent dans la rivière, et comme le vent dans le désert.
Ce soir, ne nous asseyons pas, puisque a disparu cette lune
Jusqu'à l'aube, nous puiserons avec une écuelle dans la jarre.

Qu'est ce jour d'aujourd'hui où il y a deux soleils ?
Ce jour est différent de tous les autres jours.
Du ciel viennent au monde terrestre la beauté et une voix :
O vous qui avez perdu votre cœur ! Heureuse nouvelle ! Ce jour est vôtre.

Tant que je suis avec toi, l'amour m'empêche de dormir
Quand je suis sans toi, les larmes me privent de sommeil
Louanges à Dieu ! Je reste éveillé dans la nuit de l'amour et dans [celle des larmes :
Considère la différence entre mes nuits de veille !

La nuit dit : « Je suis l'amie des buveurs de vin,
Je suis la vie de celui dont le cœur est brisé.
A ceux à qui n'est pas accordé le don de l'amour,
Chaque nuit, à leur porte, je suis l'ange de la mort. »

Il n'y avait, ô bien-aimée ! guère de prétexte pour toi
Que le sommeil vienne, que tu t'arraches à moi.
Dors bien, que je puisse dire jusqu'à l'aube :
« Que le ciel me protège de tes yeux languissants ! »

Cette nuit n'est pas une nuit pour quitter la maison
Pour délaisser l'Ami et aller voir l'étranger.
Cette nuit est une nuit où les âmes saintes
S'en vont enivrées par le feu de l'amour.

Nous avons apporté le vin auprès du Bien-Aimé
Nous avons apporté le feu de l'amour embrasé.
Jusqu'au dernier jour, le monde ne connaîtra pas, même en rêve,
Ces nuits que jusqu'à l'aube nous avons passées.

Sais-tu ce qu'est la nuit ? Écoute, ô toi qui es sage :
C'est ce qui sépare les amoureux des étrangers.
Surtout ce soir où la lune est dans ma maison
Je suis ivre, la lune est amoureuse, la nuit folle.

Ce soir, ma nuit est triste et désolée,
Cette nuit est la nuit où s'accomplissent les mystères.
Tous les mystères de mon cœur sont l'image de l'Ami.
O nuit, ne passe pas si vite, car nous sommes occupés.

Cette nuit où je pourrai te voir en rêve, il est clair
Qu'elle sera comme le jour, car le jour le cœur est plein de bruit.
Cet éléphant qui hier soir a rêvé de l'Hindoustan
S'est libéré de ses chaînes : qui a la force de le garder?

Hier, mon bien-aimé est venu, par grâce.
J'ai dit à la nuit : « Ne révèle pas mes secrets ! »
La nuit répondit : « Regarde devant et derrière toi.
Tu possèdes le soleil : comment puis-je faire naître l'aube? »

Je n'ai plus d'activité, ma seule action est de souffrir d'amour pour toi
Dans l'oisiveté, j'ai semé la graine de la fidélité
Jour et nuit, je sculpte le visage de l'union
Mon esprit est comme un marteau : suis-je un charpentier?

Il est très tard; je me réjouis de cette heure tardive
Ce soir, mon bien-aimé est mon hôte
Il est une autre nuit et un autre jour pour mon amour
Je suis tombé au-dehors de ce jour et de cette nuit.

O mes larmes qui coulez, dites à celui qui réjouit mon cœur
A celui qui est mon jardin, mon printemps, l'objet de ma
[contemplation :
« Une nuit où tu te souviendras de mes nuits,
Ne pense pas à ce que furent mes audaces. »

Je suis une nuit qui ne donne pas naissance à un jour, que faire?
Ma chance n'est pas montée sur un coursier, que faire?
J'ai dit : « Si la chance m'est donnée, je peux conquérir le monde. »
Si la chance ne m'aide pas, que puis-je faire?

La nuit est passée, mais nous buvons du vin
Sous ton empire, nous sommes toujours occupés
Amoureux, nous avons perdu notre cœur, et nous sommes le Bien-Aimé,
Nous sommes l'assemblée, le rossignol et la roseraie.

Si tu es amoureux, reste près de l'amoureux,
Jour et nuit, reste dans le cercle des amoureux.
Alors, quand tu auras trouvé ce cercle,
Laisse le monde, et demeure auprès du Créateur du monde.

Cette nuit où le cœur du ciel est telle une roseraie,
L'univers, tout entier silence, est pareil à mon cœur.
Cent gémissements s'exhalent du miroir de mon cœur,
Le miroir du cœur est rendu clair par mes plaintes.

Le cœur, la nuit dernière, était notre compagnon
La nuit, jusqu'à l'aube, il n'a pris ni sommeil ni repos
Quand l'aube s'est levée, il est venu vers toi
Avec un visage pâle et des yeux endormis.

Si je ne passe pas souvent devant ta porte
C'est que j'ai peur de tes amoureux.
Tu es dans mon cœur comme une image, jour et nuit
Chaque fois que je te cherche, je regarde en mon cœur.

Tu te joues de moi avec cent artifices.
Tu me dis : « Va-t'en », et dans la nuit tu m'adresses un message.
Si je m'en vais, avec qui seras-tu tranquille?
A qui peux-tu donner le même nom que moi, ô Bien-Aimé?

L'hiver fou et les longues nuits sont venus.
Nous sommes ici, la nuit est sombre et la passion longue.
Nous n'avons pas envie de dormir, notre cœur est devenu fou :
Celui qui a un cœur, comment resterait-il tranquille?

L'âme dont jour et nuit Dieu est l'ami
Se trouve en dehors du jour et de la nuit.
L'échanson des échansons est un bien-aimé magnanime
L'échanson, la coupe, le vin, tous sont éternels.

Ce soir où le Bien-Aimé s'est mis à parler avec nous,
O nuit, quelle nuit es-tu? Puisses-tu être longue!
Les noirs corbeaux sont aujourd'hui joyeux,
Avec le faucon blanc de l'âme, ils volent.

Cette nuit est la nuit de la béatitude infinie
Ce n'est pas une nuit, c'est l'union de ceux qui cherchent Dieu
Ce doux ami est l'ami de celui qui croit au Dieu unique
Ce soir est l'épanouissement de ceux qui sont purs.

O amour, tu ne dors pas, tu ne dors jamais
Et tu ne tombes jamais dans les yeux de ceux qui dorment
Il reste un problème, mais je n'en dirai rien
Toi non plus tu n'en parles pas et n'en as jamais parlé.

Si vient le sommeil, le cœur brûlant le reçoit
Comme les ténèbres de la nuit que dissipe le soleil.
L'eau de la vision arrive, le sommeil ne vient pas,
Il craint que, s'il vient, cette eau ne l'emporte.

Le jour est venu, apportant le tumulte
La nuit est venue, apportant la passion
Ce n'est pas l'affaire de la nuit et du jour, c'est la mienne :
Comment deux ânes boiteux peuvent-ils porter ma charge ?

Cette passion que nous connaissons toi et moi, ô toi qui me brûles le
[cœur !
O mon ami, par ton cœur illumine mes nuits et mes jours.
Non, non, je me trompe ! O toi qui enseignes l'amour
Dans ton amour et ta passion, comment y aurait-il nuit ou jour ?

Le matin est venu, et le temps de la lumière
Pour ceux qui ont veillé la nuit, le moment de la séparation est venu
Quand le veilleur de nuit a fermé les yeux
Le moment est venu de saisir la douceur.

Le sommeil s'est enfui à cause de ton image,
Je veux obtenir justice de toi et de ton image.
Mon sommeil est allé saisir le pan de ta robe,
Mon sommeil est mort quand ton image est née.

Cette nuit est une nuit qui est l'âme des nuits,
Cette nuit est une nuit où les obstacles s'aplaniront.
Cette nuit est une nuit pour les dons, les présents, les largesses :
Cette nuit est une nuit qui est dans la confidence de Dieu.

Ne pense à rien, abandonne-toi au sommeil,
Car la pensée de la lune est un voile, un voile.
Le cœur est pareil à la lune, n'y place pas de pensée,
Jette à l'eau le fait de penser.

Le sommeil est venu, mais il n'y avait pas de place en mes yeux pour lui,
Car mes yeux, à cause de toi, étaient pleins de feu et d'eau.
Il est allé vers mon cœur; il vit un cœur agité comme le vif-argent,
Il est allé vers mon corps : il vit un corps en ruine, et quelles ruines!

O maître, même dans le rêve tu ne nous verras pas
Jusqu'à l'an prochain, tu ne nous verras plus.
O nuit! A chaque instant que tu regardes vers nous
Tu nous vois seulement grâce à l'éclat du matin.

L'amour de notre Bien-Aimé est le jour et la nuit
Et nous, comme un poisson assoiffé dans ce ruisseau jour et nuit
Comment cette nuit et ce jour peuvent-ils apporter le parfum de la
[nuit et du jour
Et dans la nuit et le jour de l'amoureux, où sont le jour et la nuit?

O ami auquel nul ami n'est comparable, ne dors pas!
O toi qui aplanis toutes difficultés, ne dors pas!
Cette nuit, cent flambeaux sont allumés pour toi
Nous sommes à ta merci, sois attentif, ne dors pas.

Secours-moi, sois mon ami, ô Bien-Aimé, ne dors pas!
O rossignol enivré, ne t'endors pas dans la roseraie
Protège les amis exilés, ne dors pas!
Cette nuit est la nuit de la libéralité, sois attentif, ne dors pas.

Si tu désires l'éternité et la victoire, ne dors pas
Brûle-toi à la flamme de l'amour de l'Ami, ne dors pas
Tu as dormi cent nuits, et tu as vu la conséquence :
Pour l'amour de Dieu, cette nuit, jusqu'au jour, ne dors pas.

O mon cœur, pendant deux ou trois jours, jusqu'à l'aube, ne dors pas.
Séparé du soleil, comme la lune, ne dors pas.
Plonge comme le seau dans les ténèbres du puits
Il se peut que tu arrives à la margelle du puits; ne dors pas.

Dieu a dit : « O toi qui t'amuses avec tous,
Sépare-toi du monde, car tu es fait pour Nous.
Habitue-toi à Nous, pour qu'enfin
Vienne vers toi, dans la nuit, la solitude. »

Hier soir, mon bien-aimé est venu chez moi avec amour
J'ai dit : « Va-t'en, tu ne peux entrer. »
Il est parti, disant : « Quelle folie!
La chance est venue vers toi, tu n'as pas ouvert ta porte. »

La nuit est venue, et je ne fais attention ni à la nuit ni au jour
Ma nuit est comme le jour, par le visage de cette lumière du jour
O nuit, tu es la nuit, parce que tu es sans nouvelles de Lui
O jour, va, et vois comment est Son jour!

O nuit toujours joyeuse, viens à nous avec joie
Puisses-tu durer jusqu'à la Résurrection!
Dans ma mémoire, brûle la flamme du Visage de l'Ami.
O chagrin, si tu l'oses, traverse mon esprit.

Aujourd'hui, ne pars pas, Bien-Aimée, contente-toi de moi
O fleur merveilleuse, contente-toi de cette épine
O coquette, contente-toi de ce client
O lune parfaite, contente-toi de la nuit sombre!

Hier soir, j'étais avec la Bien-Aimée qui me donne la joie
Je n'étais que supplications, et elle que minauderies.
La nuit s'écoula, et notre causerie n'était pas achevée
Serait-ce la faute de la nuit? Notre causerie était si longue!

Mon âme, par l'amour d'une beauté qui donne la vie,
A, entre les passions, une passion plus subtile.
Dans la ville de mon corps, elle est, comme les Tziganes
Chaque jour dans une demeure, et chaque nuit dans un lieu.

J'ai dit à la nuit : « Si tu crois à ta lune
Pourquoi passes-tu si vite? C'est là une faute. »
La nuit m'a répondu, en s'excusant :
« Ce n'est pas ma faute; l'amour est infini. »

Ce faste et cette beauté qui illuminent le monde
Et le Visage caché qui est le jour de la joie
Aujourd'hui qu'il est avec nous, nous l'enchaînons
Hier est passé, avant-hier aussi, ce jour est aujourd'hui.

Lorsque dans la nuit tu viens vers moi, jouant et chantant,
A minuit tu me montres l'aube de la joie
Tu dénoues les tresses de la nuit
O toi l'unique! Puisse le mauvais œil ne t'atteindre pas!

V

L'ivresse

A chaque instant, il donne un vin nouveau à celui qui est ivre
Jusqu'à ce que l'âme et le cœur parviennent à l'union
Il est étrange qu'une goutte d'eau soit arrivée
A obtenir l'océan plein de perles.

O jardin de Dieu, rempli de beautés et de *houris*[1],
Aux yeux des créatures, combien tu es loin !
O mon cœur ! Tu n'as pas goûté au vin de Mansour
Si tu ne crois pas à ce jardin, ce n'est pas de ta faute.

Si tu manges des friandises, du *kebab*, si tu bois du vin pur,
Sache que c'est comme boire de l'eau en rêve
Quand tu t'éveilleras, tu seras assoiffé :
A quoi sert de boire de l'eau en rêve ?

1. Beautés du Paradis.

Ne viens pas chez nous sans *daf*, nous avons des invités
Lève-toi, et joue du tambour, car nous sommes Mansour
Nous sommes ivres, mais non du vin du raisin
Nous sommes très loin de tout ce que tu peux imaginer.

En cet instant où tu peux atteindre la perle non percée
Les têtes se rapprochent, on se dit des secrets
Les granges du monde sont bouleversées par le vent
Mais tu t'es endormi sur la paille comme un homme ivre.

Je buvais du vin avec ma belle échevelée
Je me suis endormi sans avoir dit les secrets de mon cœur
Je me suis réveillé du sommeil de l'ivresse, et j'ai vu
La Bien-Aimée partie, la chandelle éteinte, l'échanson en allé.

Que l'intelligence soit or pur, ou dorure,
Elle est comme un coursier, mais sa valeur est moindre que sa selle
Infirme est celui qui ne se rend pas à la taverne[1]
Car la taverne est la cause de la religion.

Notre Bien-Aimé s'enfuit loin de nous
Notre Bien-Aimé s'enfuit loin de notre amitié
Il est la raison brillante, nous sommes ivres de vin
La raison s'enfuit loin de ceux qui sont ivres.

1. Symbole du lieu où se boit le vin de l'ivresse mystique (le vin est toujours pris dans cette acception).

Oublie tout, sauf le vin empourpré de *la-mekkan*[1]
Contemple Celui-ci, ne te souviens plus de celui-ci et de celui-là
Si tu as une âme, ne te rappelle plus ce monde
Si tu désires l'ivresse, ne songe plus à ceux doués de raison.

Le vin m'a empli l'esprit de trouble
La suavité de tes lèvres répand la douceur
O échanson caché ! Quand tu offres les coupes, l'une après l'autre,
Tous les secrets sont alors dévoilés.

Du ciel arrive le tumulte de l'ivresse
L'ivresse vient du firmament en criant
Par ce cri sont bouleversés l'âme et le monde
Car cette âme et ce monde-ci proviennent de ce monde-là.

Un jour, dans ta taverne, j'ai bu un peu de vin
J'ai rejeté ce froc corporel
J'ai vu, grâce à ta taverne, que le monde est harmonie
Construit ou détruit, c'est pour cela que je tourne ainsi.

O échanson ! Verse, pour la vision et le succès,
De ce vin qui ignore la terre comme l'eau.
Je ne suis pas malade de corps, mais de cœur
Qu'est-ce que la boisson ? Verse, verse de ce vin.

1. L'au-delà de l'espace.

Mon Bien-Aimé vint aujourd'hui en applaudissant,
Manifeste et caché comme une image de l'âme.
Il est venu ivre, heureux, joyeux, impitoyable
A cause de celui qui est venu ainsi, moi je suis devenu tel.

J'ai dans l'esprit le désir de ton amour
Dans ton amour, je suis toujours ivre et sans repos
Chaque ivrogne n'éprouve de langueur qu'un seul jour
Mais moi je suis cet ivre toujours languissant.

Laisse-le aller et se frapper la tête contre le mur
Qu'il se brise la tête et salisse ses vêtements
Il est venu auprès de moi, plein de honte et de regrets
En se rappelant ce que je lui avais dit.

Tu es celui qui me rend ivre dans ma cellule,
Tu me rends idolâtre alors que je me trouve dans la *Ka'ba*
Je ne puis rien devant le bien et le mal qui viennent de toi
Je suis dans tes mains, selon le mode où tu me gardes.

Notre ivresse ne provient pas du vin empourpré
Ce vin ne se trouve que dans la coupe de la passion
Tu es venu pour me servir du vin :
Je suis cet homme ivre dont le vin est caché.

O toi qui résides en mon cœur, le moment est venu d'y demeurer
O toi qui brises la promesse du repentir, le moment est venu de la briser
Ce vin empourpré a pris une telle couleur
C'est le moment où, pareil à la rose, il passe de main en main.

Il bat des mains, lorsqu'il me voit ivre
Il s'écrie : « Il a oublié son repentir et il est revenu ivre ! »
Notre repentir est comparable au soufflage des verres :
Difficiles à fabriquer, et si faciles à briser !

Le clair de lune est monté, et nous nous sommes abaissés
Le Bien-Aimé s'est éveillé, et nous sommes devenus ivres
O mon âme et mon univers ! Chaque chose que tu considères
Ne la saisis pas, nous sommes anéantis.

Cet instant où je tourne autour de toi
Pour moi, cet instant est l'échanson, le vin, la coupe et le tour
En cet instant où ta beauté se manifeste
Mon âme est dans la stupeur, comme Moïse, fils d'Imran.

Notre essence a été purifiée par le vin empourpré,
Notre coupe s'est lamentée à cause de nous.
Nous buvons tant de coupes de vin, l'une après l'autre,
Que nous sommes anéantis par le vin, et le vin par nous.

Ce vin qui pour le vulgaire est interdit
Pour l'âme du *qalandar*[1] est éternel
Quant à toi, ô échanson ! ne dis pas : « C'est fini ! »
Notre commencement et notre fin, quels sont-ils, quels sont-ils ?

1. Membre d'une confrérie de derviches.

O échanson de l'âme qui fais passer le temps
Tu es la paix de mon cœur las et troublé
Ceux qui sont enivrés par toi languissent aujourd'hui
C'est sur toi, finalement, qu'en retombera la honte.

Je suis anéanti, et les parcelles de mon corps ont été jetées
Dans ce firmament qui est ma patrie originelle
Toutes sont ivres, joyeuses, amoureuses du Vin
De l'Invisible, par crainte de cette prison qui est moi-même.

O échanson! Aujourd'hui j'étais dans la langueur
Par Dieu, jusqu'à la nuit je t'ai attendu
Donne-moi du vin, libère-moi de la cage de ce monde
En cette nuit, car pendant le jour j'étais ta proie.

J'étais un ascète : Tu as fait de moi un chanteur
Tu m'as bouleversé par la fête, Tu m'as fait chercher la coupe de vin
Tu m'as vu me prosterner avec rigueur
Et tu as fait de moi la risée des enfants des rues.

J'ai recouvert l'amphore de vin, et l'odeur s'en est allée
Elle s'en est allée dans tous les chemins et tous les quartiers
Le sang des cœurs, à cause de ce parfum, a coulé comme l'eau
Vers ce côté d'où il est venu, il s'en est retourné.

Quand j'ai compris que l'amour était toujours avec moi,
Et que ces belles boucles se trouvaient dans ma main,
Bien que hier je fusse ivre de vin,
Aujourd'hui, mon état est tel que le vin est ivre en moi.

On nous a apportés de la taverne de l'*alast*
On nous a rendus troublés et bouleversés
On nous ramènera de même vers la taverne
Car on nous a amenés du néant à l'existence.

Ceux que le cœur ivre a amenés de l'*alast*
Ont apporté du néant une âme pleine d'amour
A cause de ce cœur, ils sont prêts à sacrifier leur vie
Pour trouver un instant plein de souffrance.

Mon cœur ivre est sacrifié à la boutique du vendeur de vin
Et j'ai donné mon âme pour une coupe
Quand j'ai attaché mon âme et mon cœur au vin
Je lui ai offert tous les deux et me suis libéré du chagrin.

Je sais que Ton essence est pure de toute imperfection
Je sais qu'elle est qualifiée par la splendeur de la majesté divine
A quoi me sert mon cœur? Car avec certitude
Depuis que je me connais je Te connais Toi-même.

Grâces soient rendues à Dieu! Je suis uni à toi
Et je suis libéré des chaînes de la séparation.
J'ai tellement bu le vin de l'annihilation
Que depuis le jour de l'*azal* jusqu'à l'*abad*[1] je suis ivre.

1. *Azal* : prééternité. *Abad* : postéternité.

O toi qui es la paix et le lieu de la paix éternelle
Quand j'ai vu ton visage, je me suis libéré de tous les dangers du monde
Si dans ton assemblée j'ai brisé une coupe
J'achèterai cent coupes d'or et te les enverrai.

Quand cette perle était avec moi, j'étais rempli de joie.
Agité comme la vague par le souffle de mon propre être,
Bouleversé comme le tonnerre, j'ai dit le secret de la mer
Et, pareil au nuage assoiffé, j'ai dormi sur le rivage.

Un jardin, dont le printemps m'a rendu épanoui,
A fleuri et révélé tout ce que j'avais dit.
Lorsqu'il m'unit à la coupe de la joie
Je devins ivre, posai la tête à terre, et m'endormis.

Bouche close, je te dis cent paroles silencieuses
Je les dis à l'oreille de ton cœur capricieux
Je garde en mon esprit ce que j'ai dit à ton oreille
Demain, je te montrerai ce que j'ai dit hier.

Nous tournons comme la sphère céleste par amour de cette lune
Dieu sait comment nous sommes dans ce chemin !
Nous nous étonnons que soient éveillés les gens raisonnables
Et eux sont étonnés que nous soyons fous.

En compagnie de l'Amour, notre monture s'est mise en route depuis
[le néant
Notre nuit est rendue éternellement lumineuse par le Vin de l'union
De ce vin qui n'est pas illicite dans notre religion,
Tu ne trouveras pas nos lèvres sèches jusqu'à l'aube du néant.

Celui qui a choisi notre communauté et notre religion
Voit dans notre corps cent âmes pures
Celui qui boit la coupe de notre idéal
Deviendra ivre et prendra notre nuit pour le jour.

Hier, par désir et par amour
J'ai prié l'échanson de me verser du vin
Lorsqu'il m'a montré sa gloire et sa beauté
Je suis devenu anéanti, et l'échanson est resté.

Avant-hier, l'échanson faisait des promesses
Disant : « Je jure par l'heure du désir
Que je donnerai du vin à ceux des villes et du monde
Dans l'univers entier, je ne laisserai pas une seule raison. »

A celui pour qui le poison était sans effet, ô échanson!
Ce poison n'était pas du poison, cela semblait seulement, ô échanson!
Quand l'être prend son départ, il n'existe pas, ô échanson!
Il boira du vin de la Mer de grâces, ô échanson!

Hier, à cause de ma passion pour toi, bouleversé,
Je suis allé à la roseraie, les habits déchirés comme les fleurs
De toutes les beautés printanières, sans toi,
N'est rien venu dans mes yeux, sauf l'eau qui coule.

Cet échanson de l'âme finalement offrira une coupe de vin
Cet oiseau triste enfin sera libéré de sa cage
Ce dur firmament sera tendre avec moi enfin
Et le temps témoignera sa repentance.

Ceux qui sont brûlés par le feu de l'automne
Ont renoncé à la grâce du printemps
Maintenant, on coud les habits nouveaux,
On enseigne les coquetteries et les ruses.

Chaque jour, mon cœur savoure une douceur nouvelle
Afin que le goût lui fasse oublier le passé
Il boit la première coupe enfiévré par l'amour
Puis il rejette la coupe et perd la raison.

Quand le Bien-Aimé tend la main vers la coupe
De chaque néant il fait surgir l'ivresse
Si l'odeur du vin cause tellement de trouble,
Songe à ce que tu deviendras si tu rejoins la coupe!

A cause de la passion pour toi, ne restent ni ami ni ennemi,
Dans ton assemblée, ne restent ni coupe ni amphore
O Bien-Aimé, je pense que tu as bu mon sang
Car l'odeur en est restée sur tes lèvres si douces.

Celui qui est attaché par tes chaînes
S'il était le néant devient l'existence
Il m'ordonne de boire du vin, mais de ne pas être ivre
Comment boire du vin sans devenir ivre?

Celui qui passe près de ma tombe devient ivre
S'il s'attarde, il devient ivre jusqu'à l'éternité
Il entre dans la mer, et la mer devient ivre
Il entre dans la terre : la tombe et la pierre deviennent ivres.

Que l'amoureux soit ivre et malfamé, toute l'année;
Qu'il soit fou, troublé, éperdu.
Lucides, nous nous sommes livrés au chagrin;
Si nous sommes ivres, advienne que pourra!

Cet ami, en cachette, m'a tiré par la main aujourd'hui
Je suis devenu passionné, et j'ai brisé mes liens, aujourd'hui.
Aujourd'hui, je ne suis pas ivre, je suis des milliers d'ivres,
Je suis fou, et j'aime les fous, aujourd'hui.

Notre ivresse n'a nul besoin de vin,
Notre assemblée n'a pas besoin, non plus, du luth et du *rebab*[1] pour
[se réjouir
Sans échanson, sans beautés, sans ménestrel et sans vin,
Nous sommes bouleversés et enivrés, comme ceux que l'ivresse a
[détruits.

1. Instrument de musique.

Quand j'ai vu bouillonner le Vin de l'amour dans la jarre, à cause de [toi,
Comme le vin, je suis arrivé à la plénitude de mon état.
Non, non, je me trompe, tu es le vin, je suis de l'eau
Nous sommes mélangés, et moi je suis caché, à cause de toi!

Moi privé de cœur, et toi privé de cœur, privés de cœur, toi et moi,
Nous sommes devenus ivres, un jour, dans un jardin:
Depuis si longtemps je désire
Que tu te souviennes de ce pacte, ô toi qui l'as rompu.

O toi qui es devenu l'âme de l'âme des créatures
Dans les ténèbres de l'incroyance tu es devenu le flambeau de la foi
Dans mon cœur tu es devenu un chanteur,
Dans mon esprit tu es devenu comme du vin dansant.

Je ne sais de quelle façon tu es venu aujourd'hui
Tu es venu depuis l'aube, tu es venu ivre
Si tu veux boire le sang de mon cœur, je ne te laisserai pas faire
Car c'est avec le sang de mon cœur que je t'ai trouvé.

Si l'idole est ton visage, mieux vaut la croyance aux idoles
Quand le vin est dans ta coupe, mieux vaut l'ivresse
Dans l'existence de ton amour, je suis devenu si anéanti
Que cet anéantissement vaut mieux que des milliers d'existences.

O Toi! Les pierres par passion pour tes lèvres sont comme la mer
C'est Toi qui tires des ruses et des histoires des pierres
Cette coupe pareille à l'âme que tu tiens dans ta main
Pour l'amour de Dieu, ne l'enlève pas de la main des ivres.

O mon ami, accepte-moi et prends mon âme
Rends-moi ivre et retire-moi des deux mondes
Toute chose avec laquelle mon cœur sera tranquille sans toi
Retire-là, et fais du feu avec moi.

Quand je viens de brûler dans mon propre feu un instant
Je voudrais pouvoir t'oublier un instant
Je prends une coupe qui chasse la raison
Tu viens dans la coupe, et je te bois toi-même.

Les Pirs[1] sont nombreux dans la taverne de ton chagrin
Ils sont comme tes yeux, endormis et éveillés
Envoie-leur du vin pur, car ceux qui ont perdu leur cœur
Ne sont ni ivres de la vérité ni éveillés.

Si je suis fier, c'est d'être ivre de toi
Ne te hâte pas de me tuer, je suis toujours dans ta main
Tu as dit : « La terre de Dieu est vaste[2]. »
O mon ami, où dois-je partir? Je suis enchaîné par toi.

Ce vin qui ouvrit les ailes de l'oiseau de l'âme
Et libéra le cœur de la lassitude et de la tristesse,
L'échanson en est l'amour, et la soif des amoureux est étanchée
Ils ont accepté le Vin de l'amour, il est licite pour nous.

1. Maîtres spirituels.
2. Cf. Qur'an, XXIX, 10.

Soudain, cette Bien-Aimée ivre est arrivée.
Elle s'assit et but une coupe de vin empourpré.
La joie de la contempler et de saisir ses boucles
A fait de mon visage des yeux et de mes yeux des mains.

Depuis ce jour où mes yeux t'ont regardé
Pas un seul instant je n'ai passé sans pleurer pour toi
Que le vin soit poison pour moi, si je le bois sans toi!
Puissé-je être mort, si je vis sans toi!

A mes yeux est apparue l'image de cette perle éclatante
En cet instant où les larmes ont coulé si vite
J'ai dit en cachette un secret à mes yeux :
« L'hôte est cher, versez encore du vin. »

Chaque jour, d'une manière nouvelle, vient cette Bien-Aimée ivre,
Avec une coupe de vin plein de trouble et de fièvre.
Si je prends cette coupe, ma raison se brise,
Si je ne la prends pas, elle ne me laisse pas la refuser.

Je suis enivré par une coupe qui a le visage de l'amour
Je monte un coursier dont le mors est l'amour
L'amour du Bien-Aimé est si grand!
Je suis l'esclave de celui dont l'esclave est l'amour.

Quiconque a bu une coupe de notre idéal
Sera enivré et prendra notre nuit pour le jour.
Celui qui s'enfuira loin du seuil de notre confrérie,
On le tirera par l'oreille jusqu'à ce qu'il vienne à nous.

Il disait qu'il était amoureux de mon mystère
Comment peut-on garder un oiseau envolé?
O rossignol enivré, tu es dans la langueur de la roseraie
J'ai tant parlé qu'il est devenu ivre de mes paroles.

O mon Seigneur, ô mon Seigneur! Je Te le jure par la louange du *rebab*
Cette louange qui contient cent questions et cent réponses;
O mon Seigneur, je Te le jure par un cœur consumé et des yeux
[pleins de larmes:
Je suis plus enfiévré que le vin dans l'amphore.

A cause de son trésor ancien, nous sommes devenus sa ruine
A cause de ses contes, nous sommes devenus sa fable
Hélas! A cause de son pacte et de la coupe de son vin,
On ne distingue plus sa propre maison de la sienne.

Mon âme gémit de désir pour toi,
Son désir est au-delà de tous les désirs.
Je me perds dans cette coupe de l'amour,
Car cette coupe est agitée par le souffle de la passion pour toi.

Tout le jour d'aujourd'hui, il était devant mes yeux
C'est pourquoi je suis, aujourd'hui, ivre, bouleversé, affligé
Je suis tellement présent, et je suis tellement loin!
A cause de la puissance de cette information, je suis sans nouvelles.

Je dors, mais tu ne dors pas, ô toi, source de grâces,
Car aujourd'hui je suis plus ivre que toi, ô mon idole!
Si je jure, et que tu ne me crois pas,
Pourquoi jurer, et ne pas boire du vin?

Ceux qui sont ivres de chagrin pour toi s'agitent à nouveau
Ceux qui ont un cœur fou ont vu le visage de la Lune
La face de la Lune a paru, ils ont entrechoqué leurs chaînes
Ils ont déchiré la chemise de la patience et de la raison.

O âme du monde, j'ai perdu l'âme et le monde
O ma lune, j'ai perdu la terre et le ciel
Ne mets pas la coupe dans ma main, porte-la à ma bouche,
Car enivré de toi j'ai perdu le chemin de ma bouche.

C'est toi qui donnes la récompense et qui es le roi éternel
Quoique ton nom soit Baha-od-Dîn Valad[1].
Ne permets pas que soit brisée la coupe de la fidélité :
Quand le verre est brisé, il est sous les pieds de ceux qui sont ivres.

Le vent est venu, jetant des fleurs sur la tête des buveurs de vin
Le Bien-Aimé est venu, et le vin a coulé dans la coupe des amis
Son parfum de jacinthe l'emporte sur tous les parfums
Par ses yeux de narcisse enivré, il tue ceux qui sont éveillés.

1. Savant théologien, père de Rûmî.

Cent fois ma raison a quitté mon esprit, puis est revenue
Quand pourra-t-elle boire le vin des amoureux?
J'ai perdu mon activité et mon oisiveté :
Finalement, que pourrais-je bien faire ?

Ce que j'ai voulu, je te l'ai demandé à toi. C'est toi-même
Avec ton amour, j'ai orné la table de l'amour
J'ai vu un songe, hier soir, je l'ai oublié,
Mais je me suis réveillé ivre.

Ce soir, l'échanson fait circuler le vin avec l'amphore
Il attire le cœur, puis il attise la foi
Il verse tant de vin pourpre qu'il en fait un torrent
Qui détruit entièrement la demeure de la raison.

O ami, ne me demande pas de partager ton chagrin
Nous ne connaissons que l'ivresse, la joie, boire du vin
Puisque Dieu nous a créés pour ces choses
Nous sommes ennemis de la raison, adversaires de la lucidité.

La nuit, je tourne autour de la ville comme le vent et comme l'eau
Peut-on trouver le sommeil en tournant autour de la ville?
La raison recherche chaque chose à sa place :
Ne cherche ni discernement ni attitude sensée chez celui qui est ivre
[et détruit.

Aujourd'hui, je me promène avec ivresse
Avec la coupe de mon crâne, j'ai fait une coupe de vin
Aujourd'hui, dans cette ville, je tourne ivre
Je cherche un homme raisonnable, pour le rendre fou.

Je suis rendu fou et passionné par Toi, tends-moi la main
Je suis égaré et émerveillé par Toi, tends-moi la main
Chaque vaurien a quelqu'un qui l'aide
Mais moi, je suis sans tête et sans raison, tends-moi la main.

O vin, c'est toi qui rends la justice parfaite
Avec une coupe, tu affranchis cent esclaves
Mes yeux sont illuminés par toi comme le soleil
C'est en toi que je fuis, pour que tu me rendes joyeux.

Il faut que l'amoureux s'en aille boire du vin
Jusqu'à ce que le voile de sa raison et de sa pudeur soit déchiré
Moi, où boirais-je du vin? Si j'en bois,
Quand dans ma tête n'existe pas de raison, que m'apportera-t-il?

Si tu donnes à bon marché cette coupe de vin
Tu rendras chaque atome du monde pareil à l'âme
Si tu fais couler le sucre de tes lèvres
Tu feras danser les montagnes comme l'atome.

Je suis enivré par toi, non par le vin ou l'opium
Je suis devenu fou : ne cherche pas de civilité (*adab*) chez un fou
Ma ferveur fait bouillonner cent Djeihoun
Mon tournoiement remplit la voûte céleste d'émerveillement.

Ce jour où l'âme s'est revêtue de la *khirqa*[1] du corps
La mer de grâces a bouillonné de miséricorde
Le hautbois du cœur, qui a bu tant de vin de tes lèvres,
En a été enivré et s'est mis à crier.

1. Froc du derviche.

Je suis ivre de l'ivresse de tes cheveux noirs
Pourquoi me renvoyer quand je suis dans ton quartier?
Je ne suis pas rassasié de me pourlécher les lèvres,
Mieux vaudrait que tu me jettes dans ton ruisseau.

Ce soir, nous sommes les compagnons de l'ivresse et de la lune,
Nous sommes les compagnons des beautés suaves
Nous sommes enivrés du vin de la réception du roi,
Il se trouve ici ce soir tout ce que nous désirons.

Ta puissance a coupé un roseau dans la jonchaie
Tu l'as choisi pour tes lèvres, douces comme le sucre
Mais ce roseau a tant bu le vin de tes lèvres
Qu'il en est devenu ivre et s'est mis à crier.

Celui qui m'a jeté dans le feu du monde
A mis sur ma langue cent sortes de flammes
Quand les six directions sont en train de brûler
Je voudrais crier, mais Il me ferme la bouche.

Hier soir, tu m'as laissé, et tu as bien dormi
Ce soir, tu fais semblant de tomber dans chaque direction
J'ai dit : « Tu es mon ami jusqu'à la Résurrection. »
Où est cette parole que tu as dite au moment de l'ivresse?

Dans mes yeux reste maintenant la coquetterie de quelqu'un
Dans mes oreilles existe en cet instant la voix de quelqu'un
Dans mon cœur, je suis l'ami et le compagnon de ce quelqu'un
Je suis ivre, comment puis-je cacher le secret de quelqu'un?

Ne te repens pas, car moi j'ai renoncé au repentir
Jamais le repentir ne viendra de mon âme ivre
Cent fois, mille fois, je me suis repenti
C'est le repentir qui, à cause de moi, a versé des larmes de sang.

La maison est à lui, et l'habit, et le pain
Le corps, et les yeux, et l'âme sont à lui,
Et cette autre chose qu'on ne peut dire
Car il faut le temps, les frères et le lieu.

La prière est comme ton visage, le jeûne comme tes yeux
Tous deux mendient quelque chose à tes lèvres
J'ai commis une infraction, peut-être étais-je ivre :
J'ai bu ton eau, et j'ai brisé mon aiguière.

VI

La joie - la douleur

Si tu le peux, ne revêts pas l'habit de l'amour.
Quand tu l'as revêtu, ne crie pas pour chaque danger.
Brûle dans cet habit, mais reste silencieux
Car après la patience viendra un jour la joie.

O toi le médecin de notre douleur
Cette douleur est sans bornes, qu'ordonnes-tu ?
Par Dieu ! Si tu as des milliers de remèdes
Je ne guérirai pas mon âme, si tu ne montres ton visage.

Celui dont la Bien-Aimée est faite d'eau et d'argile
Un jour dans l'union avec elle trouvera la paix
Quiconque a transcendé l'eau et l'argile
Possède, comme toi, un amour très étrange.

O mon cœur ne t'enfuis pas loin de la tyrannie des bien-aimées
Ne t'enfuis pas comme un voleur loin des sentinelles
Tu cherches un signe, ne t'enfuis pas loin de ce qui est sans signe
Offre cent vies, et ne t'enfuis pas loin de la douleur venant du
[Bien-Aimé.

Interroge sur les états de mon cœur, à chaque aube, le vent
Pour être heureux, interroge-moi, qui suis triste
Dans le meurtre de l'innocent, il y aura un risque pour toi
Interroge tes yeux, ces magiciens.

Hier, j'ai vu mon Bien-Aimé, désirant la séparation,
Disant avec cruauté : « Éloigne-toi de moi. »
Aujourd'hui, je suis comme séparé de mon âme,
Je lave mon visage dans le sang de la séparation.

Dans le chemin du désir, il faut être seul
Il faut être le compagnon de la douleur
Courir vers l'union n'est pas le fait d'un homme viril
La bravoure se manifeste au jour de la séparation.

Allez-vous-en, ô chagrin et pensée, vous m'induisez en erreur
Pourquoi dans la mer de la fidélité me dites-vous qu'est l'infidélité ?
On fait peur aux enfants avec la tyrannie
Je suis devenu vieux, et vous me parlez ainsi ?

Ta douleur accepte-t-elle les soins de quelqu'un ?
Ou le désir s'enfuit-il loin de toi ?
Tu as dit : « Tue la passion dans ton cœur. »
Supposons que je l'aie semée, est-ce qu'elle grandira ?

O toi qu'a créé l'Échanson, à présent renonce au chagrin
O toi, compagnon de l'Esprit saint, renonce à l'instant
Tu dis : « J'ai fui le chagrin et suis devenu joyeux. »
Pour la joie de ton esprit, renonce même à cette joie.

O mon cœur, si tu ne peux supporter le chagrin, va-t'en
La gloire de l'amour n'est pas peu de chose : va-t'en.
O mon âme, viens, toi, si tu es sans effroi,
Mais si tu as peur, ce n'est pas ton affaire, va-t'en.

Quand nous sommes séparés, loin de la poussière de ton seuil,
Nous sommes toujours dans les pleurs et les gémissements
Comme la bougie qui se liquéfie par ses larmes
Et comme le luth dont la plainte cause nos chants.

O toi qui m'as cajolé avec tendresse,
A présent, pour me chasser tu as trouvé un prétexte
Si tu témoignes à tous ton amour de la sorte
Tu ne connais rien de la valeur de tes amis.

Là où se trouve la grâce, qu'importe la paix ou la guerre?
Et là où est le contraire, qu'importe le rosaire ou le luth?
Celui que Dieu agrée, qu'importe qu'il soit byzantin ou noir?
Sois soumis et satisfait, pour ne pas connaître le malheur.

Ces yeux versant des larmes de sang, toujours pleins de chagrin,
Ne leur demande pas de dormir : quand trouveraient-ils le sommeil?
Ils pensent que tout cela aura une fin :
O toi qui ne connais rien à l'amour, qui donc a dit cela?

Je ne suis pas désespéré, quoique tu m'aies oublié
Ou qu'après moi tu aies pris un autre ami
Je supporterai mon chagrin pour toi tant que je vivrai :
Il y a beaucoup d'espoir dans l'absence d'espoir.

La nouvelle arrive : « Il est avec vous[1]. »
Cette nouvelle fait jaillir des flammes dans le cœur
Tu n'es pas heureux parce que tu ne te connais pas toi-même
Si tu te connaissais, que resterait-il à connaître?

Quand sera abaissé celui que tu as rendu élevé?
Quand sera joyeuse cette âme que tu rends triste?
Le haut firmament donnera cent baisers
Chaque jour à ces pieds que tu as attachés.

Mon Bien-Aimé ne me permet pas de parler de l'union
Par sa tyrannie, il a brisé mon cœur
Ensuite, le cœur brisé, j'attends au seuil du Bien-Aimé
Car mon Bien-Aimé désire que le cœur se brise.

Apporte ce qui unifie l'âme bouleversée
Apporte ce qui enivre le maître et l'esclave
Appelle, apporte la joie éternelle :
Par la voix d'Israfil, je deviendrai vivant.

Dans mon amour pour toi, chaque ruse s'avère vaine
La séparation m'a fait verser le sang de mon cœur : il est perdu
A cette douleur qui vient de toi, je ne désire aucun remède
Qui peut le guérir? Ma douleur n'est rien.

1. Cf. Qur'an, LVII, 4.

S'il t'a donné l'espoir d'avoir pour compagnon le chagrin,
Ne l'accepte pas, car il te trompe
Au jour de la joie, le monde entier est ton ami
L'ami de la nuit du chagrin, qui donc nous le montrera?

Ne sois pas affligé, car la joie est venue
Console celui qui est triste, car la joie est venue
L'aile de la mouche du chagrin est brisée maintenant
Que le *Homa*[1] s'est posé sur la montagne de *Qaf*[2].

O toi par qui mon cœur est rempli de jasmins,
Grâce à toi, nul n'est heureux comme moi.
Quitter la vie et le monde n'est pas difficile,
Le difficile, c'est de quitter son propre quartier.

J'ai dit : « Ton amour est mon ami et ma famille.
La tristesse n'existe pas; sinon, c'est mon cœur le coupable. »
Il m'a dit : « Tu es fier de ton arc et de tes flèches,
Ne sois pas imprudent, ne tire pas, car ta rançon est auprès de moi. »

Ces paroles amères et qui brisent le cœur,
Juges-en : sont-elles dignes de ta bouche?
Les lèvres douces ne disent rien d'amer :
Ce n'est pas ta faute, c'est ma malchance à moi.

1. Oiseau fabuleux.
2. Montagne mythique.

J'ai mis mon cœur sur le chemin de passage du malheur
C'est pour toi que j'ai délié les pieds de mon cœur
Aujourd'hui, le vent m'a apporté ton parfum :
Pour le remercier, j'ai donné mon cœur au vent.

Le roseau dit : « Longtemps mes pieds ont été dans la terre
Soudain, on m'a coupé la tête par envie
Un bâton a creusé en moi neuf profondes blessures
Pardonne-moi si je gémis un instant. »

Il ne reste rien qu'un étendard de mon armée de patience
De tout ce que j'avais, il ne reste qu'un chagrin
Le plus étrange, c'est que, par coquetterie,
Il me donne encore un souffle, alors que je n'ai plus de souffle.

A cause de ta bonté, il ne reste pas de mal en l'esprit
Il ne reste, ni peu ni prou, de chagrin ni de peine
L'abondance de ta gloire a rempli l'univers
Afin que tous deviennent princes, et qu'il ne reste nul derviche.

Pourquoi te contenter d'un sourire superficiel?
Il faut, comme les fleurs, sourire naturellement.
Il est une différence entre l'amour qui naît de l'âme
Et ce qu'avec des fils tu tisses autour de toi-même.

D'où vient ta tristesse? Le sucre n'est-il pas ton ami?
Ou bien le sucre existe, mais tu n'es pas acheteur?
Ou tu ne connais pas cette affaire, et tu t'interroges?
Ou bien tu la connais, et tu n'en fais pas de cas.

Ton amour est dans l'âme de quelqu'un, et je suis ce quelqu'un
La douleur pour toi est le remède de quelqu'un, et je suis ce quelqu'un
Tu disais : « Je vois tes lèvres comme mes propres lèvres
Meurtries par les dents de quelqu'un », et je suis ce quelqu'un.

Ne parle pas de cette promesse qui ne me lie pas
Comme ta boucle, ma promesse est complètement brisée
Ne parle pas de cet affranchissement qui est sur tes lèvres
Ni de ce feu qui se trouve dans ta bouche.

Je nie que dans le monde se trouve un bien-aimé plus aimable que toi
Il n'est pas d'action meilleure que de contempler ton visage
Dans les deux mondes, tu me suffis comme amour et ami
Là où se trouve un bien-aimé, brille ta lumière.

Tant que dans mon cœur réside l'image de celui que jalousent les Péris,
Qui dans tous les mondes est heureux comme moi ?
Par Dieu, sans bonheur, je ne puis vivre
J'entends parler du chagrin, mais ignore ce que c'est.

Celle qui me regardait, hier, du haut de la terrasse
Est l'âme d'une fée, ou l'esprit d'une Péri
Vivre sans son beau visage, c'est être pareil au mort
Être sans nouvelles d'elle, c'est être inconscient.

Nous sommes ceux qui sont rendus heureux par le vin sans coupe
Chaque matin rayonnants, et chaque soir joyeux
Dans la demeure de l'amour, nous sommes satisfaits à la porte et sur
[la terrasse
Ne nous donne pas de nom, car nous sommes heureux d'être malfamés.

Je suis ta poussière, et Dieu seul le sait
Il n'est pas nécessaire qu'Il t'enlève à moi
S'Il t'enlève à moi, je prierai sans cesse
Jusqu'à ce qu'il me prenne en pitié, et te place auprès de moi.

Quand les yeux deviennent aveugles, à quoi bon le collyre?
Quand le cœur est brisé, à quoi sert ta fidélité?
Quand l'âme et le cœur sont consumés de chagrin pour toi
A quoi me servent tes aimables paroles?

Il est parti celui à la beauté de qui nul n'était comparable
Sans que je fusse rassasié par sa vue
Il est parti, mais le chagrin reste en mon cœur
La rose disparaît, mais son épine demeure.

Si le chagrin pour toi me tue à chaque instant, ne me tue pas
Laisse tout le monde me tucr, mais nc me tue pas
Ne frappe pas du pied celui que tu as fait tomber à terre
Et ne tue pas non plus celui que tu as rendu vivant.

J'ai gémi, il me brûlait tandis que je gémissais
Je suis resté silencieux, il me brûlait dans le silence
Il m'a chassé hors de toutes limites
Je suis resté à l'intérieur, il m'a brûlé à l'intérieur.

O toi dont l'ombre est meilleure que l'ombre de Tuba[1],
O toi dont la douleur est plus aimable que la paix éternelle
Avant de voir ton visage, j'étais l'esclave du sens profond,
O toi dont l'image et le portrait valent mieux que des milliers de
[significations!

Je suis plein de soucis, c'est à cause de Lui
Aujourd'hui, j'étais malade, ma fièvre était pour Lui
Je ne mange rien que le médecin n'ait défendu
Sauf le vin et le sucre qui sont sur ses lèvres à Lui.

Dans mon cœur, pourquoi le chagrin nocturne erre-t-il comme un
[fantôme?
Est-il aveugle, ou me prend-il pour un aveugle?
Je suis dans le ciel, et mon visage est dans l'eau et l'argile:
Qui peut dérober l'étoile reflétée dans l'eau?

Je me souviens de toi, tu es dans ma mémoire
J'ouvre les lèvres, et tu es dans ma bouche
Si je deviens joyeux, tu es mon esprit de joie
Je cherche des ruses, et tu me les enseignes.

1. Arbre du Paradis.

De votre cœur plein de douleur vient la chaleur de Tamouz[1]
Le froid de l'hiver provient de votre froideur
Cette chaleur et ce froid ne viennent pas avec cent ailes
Dans la révolution de ce monde, où est votre poussière?

Mon âme pareille à la salamandre possède une bien-aimée
Comme il est, dans son feu, paisible et joyeux!
Donne-moi, échanson, la coupe de ses lèvres
A cause d'elle, mon esprit est étrangement languissant.

Si ta voix est enrouée, gémis en criant
Car le Bien-Aimé écoute, il connaît ton état
La voix rauque et le gosier fatigué
Se plaignent d'être éphémères auprès de l'Éternel.

Les mystères de la vérité ne sont pas éclaircis par des questions
Ni par le renoncement aux dignités et aux richesses
Si tu ne rends pas ton cœur et tes yeux ensanglantés pendant
[cinquante ans,
Par la dialectique, tu n'arriveras pas à l'extase.

O toi à cause de qui mon corps est exilé
O toi qui rends douce à mon cœur l'amertume du chagrin
Je ne me plains pas de ma douleur pour toi
Mais il convient que tu écoutes la plainte de mon cœur.

1. L'été.

O lumière de mon cœur, de mes yeux, de mon âme, comment es-tu?
O désir des deux mondes, comment es-tu?
Je suis sans tes lèvres de rubis, ne me demande pas comment je suis
Mais toi, sans mon visage pâle, comment es-tu?

Cet esprit attaché à la forme des attributs
Par la Lumière de Mohammad a été libéré vers l'essence
A l'instant où il a été délié, il s'est écrié de joie :
« Que des louanges soient célébrées pour la joie de l'âme de
[Mohammad! »

Aujourd'hui est pour moi le jour du combat, ne reste pas tranquille
Comme la balle bondit devant la canne de polo, ne reste pas tranquille
Montre ta bravoure, ne demeure pas tel un égaré
Aujourd'hui est le Jour de la Résurrection, ô mon âme! Ne reste pas
[tranquille.

J'ai dit : « Ne te tiens pas triste auprès du Bien-Aimé,
Ne reste qu'avec ceux dont le cœur est tendre et doux
Quand tu entres dans le jardin, ne va pas vers les épines
Ne reste qu'avec les roses, les jasmins et les églantines. »

A présent tu arrives rassasié, mais moi je ne le suis pas; que faire?
Indique-moi un échange, mais comment échanger le Bien-Aimé?
Tu dis : « Sois patient, puisque tu es croyant. »
O yeux de la foi! Sans toi, comment avoir la foi?

Mon cœur égaré tourne autour du monde
Il erre à la recherche d'un remède
Et cette Eau de la vie douce et suave,
Jaillit hors de mon cœur dur comme la pierre.

O toi, l'ami de ma vie, que fais-tu sans moi?
O toi, mon compagnon et mon confident, que fais-tu sans moi?
Moi, le visage comme l'automne, je suis bouleversé et détruit sans toi
Toi, le visage pareil au printemps, que fais-tu sans moi?

Ce jour est un jour de nuages et de pluie
Il est nécessaire que soient réunis les amis
Car l'ami est cause de joie pour l'ami
Comme l'assemblée des fleurs qui naît au printemps.

Le contentement que donne le monde n'est pas égal à mon chagrin
Sauf le chagrin pour mon Bien-Aimé, il n'est pas pour moi de remède
J'ai dit : « Quand je le verrai, quelles paroles dirai-je? »
Quand je l'ai vu, j'ai perdu la parole.

Je te raconte ma douleur et mes gémissements
Bouche tes oreilles, je te dirai un secret :
Je sais qu'il te plaît de me savoir malheureux
C'est pourquoi je te parle tant du chagrin de mon cœur.

Hélas ! Toutes les tyrannies sont en moi-même
O moi ! Mille cris et plaintes viennent de moi.
Dieu a dit : « Voici ce que vos mains ont accompli[1]. »
Malheur à cette nuit : l'origine du chagrin est en moi.

Les cimes des arbres se sont couvertes de fleurs
Ces Jacob ont vu leur Joseph
Au temps de l'hiver, ils étaient vêtus de noir
Après de longues plaintes ils se sont mis à rire.

Tous les biens et les maux existant en apparence et en secret
Viennent par l'ordre de Dieu, par la fatalité et le destin
J'ai beau faire des efforts, la fatalité proclame :
« Hors de ton action, il est une autre action. »

Exercer la justice, c'est chose digne de toi.
Pauvre est celui dont tu te souviens
Tu as dit : « Je me souviens souvent de toi. »
Je sais bien comment tu te souviens de moi !

Celui qui, en ce bas monde, possède la moitié d'un pain
Et, pour habitation, un petit recoin,
Ne demande rien, on ne lui demande rien
Dis-lui : « Vis heureux ! » car sa chance est grande.

1. Cf. Qur'an, III, 182.

Les cimes des arbres se couvrent de fleurs fraîches
On voit dans leur cœur des mines de joyaux
Comment sont-ils d'abord, quand ils n'ont pas de feuilles?
Ils ne deviennent pas désespérés, et ne restent pas sans espoir.

En dehors des deux mondes, j'ai un désir,
Sans joie, j'ai un esprit joyeux
Ouvre tes lèvres pour un sourire
Car l'ouverture de tes lèvres me donne la joie.

Je disais : « Quelque temps, je supporterai la séparation
Car mon Bien-Aimé, peut-être, en aura des regrets. »
J'ai eu grande patience, j'ai fait beaucoup d'efforts
Je n'ai pas pu l'endurer, comment te le cacher?

O âme éloignée de la douleur de la purification,
O corps préservé de la peine de la destruction,
Ce feu de l'amour dans lequel tu brûles
Finalement sera ton Paradis et ton ciel.

Parfois, de chagrin pour lui tu es prêt à mourir
Parfois, tu racontes son histoire avec un cœur plein de douleur
Pourquoi, égaré, es-tu en quête autour du monde?
Il n'est pas en dehors de toi, pourquoi le chercher?

Tu es venu, et je verse des larmes de sang à cause de ton départ
Mon chagrin pour toi sans cesse augmente, et je pleure
Non, quand tu es parti, mes yeux t'ont suivi
Quand mes yeux sont partis, comment puis-je pleurer?

Si Dieu avait décrété plus tôt notre séparation,
Quelle aurait été la raison de notre querelle et de notre crainte?
Si j'étais méchant, tu aurais échappé à la peine que je t'aurais causée
Si j'étais bon, tu te serais souvenu de moi.

Plus la main et le cœur sont vides, plus ils sont heureux
La liberté du cœur est meilleure que tout
Le délice et la joie d'un instant, à la façon des pauvres,
Est préférable à la pompe de cent mille César.

Lamente-toi : celui qui entend ta plainte est proche
Gémis : le cri de l'enfant cause l'amour de la nourrice
Bien que cette nourrice de l'âme soit très indépendante :
Le gémissement est le capital de l'amour.

Sans ta faveur, le cœur ne s'approche pas de la taverne
Sans la grâce de souffrir pour toi, il ne devient pas affligé
Tout ce qui est en abondance est dénué de valeur :
Mais si nombreuses que soient tes peines, elles n'ont pas de prix.

O échanson, s'il est une joie, elle est en toi
Tu es l'âme et le cœur, et l'âme et le cœur ivres sont en toi
Dans notre esprit, ton amour danse,
Frappe des mains, afin que jusqu'à l'éternité le pouvoir t'appartienne.

Nous sommes à la table, nous sommes tes invités
Nous sommes unis à toi, et bouleversés par toi
Place ton trône dans le cristal de mon cœur, ordonne,
O toi qui es la cause de la jalousie des Péris.

Tant que va le Bien-Aimé, nous le suivons.
Quand la coupe devient pleine, nous la brisons
Quand nous sommes en dehors de ce monde d'eau et d'argile
Nous nous trouvons à l'aube de la joie rayonnante.

Toute âme trouve sa joie dans le Bien-Aimé,
Sa tête est toujours jeune, et ses lèvres souriantes
Il n'est pas possible à l'âme humaine de voir sa grâce et sa beauté
Parlons à voix basse : peut-être celui-ci est-il le Bien-Aimé?

Sois heureux, car le soufi a un esprit clair et limpide
Le soufi est content dans l'intime de son âme
Le soufi est pur, le chagrin ne demeure pas en lui
Le soufi est Kay Khosrau et Kay Khobad[1].

A tout instant, mon Bien-Aimé afflige mon cœur triste.
Ou il a un cœur de pierre, ou il ne sait pas
J'ai écrit mon histoire avec le sang de mes yeux,
Il le voit, mais il ne la lit même pas.

Derrière ces *ghazals*, ces plaintes, ces gémissements,
Est une tristesse secrète, pour moi, venue des visages affligés
Quoique les coquetteries dont elle a coutume soient aimables
Où est cette amitié qui fait d'elle ma Bien-Aimée?

1. Rois légendaires de l'ancien Iran.

Ce faste et cette beauté qui illuminent le monde
Et le Visage caché qui est le jour de la joie
Aujourd'hui qu'il est avec nous, nous l'enchaînons
Hier est passé, avant-hier aussi, ce jour est aujourd'hui.

Tes créatures sont dans le cercle de *Kun fa yakun*[1]
Le cœur est le point de l'unité, plus que l'empyrée
Si on enlève le point de ta douleur hors de toi-même
Au même instant, tu seras en dehors du cercle de l'existence.

C'est le jour de la joie, pourquoi être triste?
Il faut boire aujourd'hui le vin de la coupe de la fidélité
Combien de temps avons-nous mangé du pain de la main du
[boulanger, bu l'eau de la main du porteur d'eau?
Un jour, nous devons manger de la main de Dieu.

Il n'est pas de créature qui ne soit sans l'espoir de ta grâce
Celui que tu as choisi est éternellement joyeux.
De quel atome ta grâce s'approche-t-elle un instant
Sans rendre cet atome meilleur que mille soleils?

Bien que la séparation ait brisé tous mes espoirs
Bien que l'infidélité ait lié les deux mains du désir,
L'amoureux enivré ne sera pas sans espoir.
Tous parviendront à obtenir ce qu'avec courage ils désirent.

1. Le *Fiat* créateur : Cf. Qur'an, II, 117.

Dans l'union, ton beau visage est ma fleur souriante
Dans la séparation, son image est mon cœur et ma foi
Mon cœur et moi nous querellons toujours pour lui
Chacun de nous disant : « Ce Bien-aimé est le mien. »

Mon cœur est las, triste et faible, à cause de notre séparation
Je verse des larmes de sang, à cause de cette tristesse
De douleur, ma vie est tout à fait près de finir
Que je serais triste, pourtant, si je n'avais cette tristesse !

J'absorberai mon cœur dans le chagrin d'amour,
Je ferai de mon âme un bouclier pour les flèches du danger
La vie qui ne s'est pas passée dans ton amour,
Aujourd'hui je la remplacerai avec le chagrin de mon cœur.

Ce Bien-Aimé qui me garde dans le chagrin pour lui
Si je suis triste, c'est qu'il n'aime pas que je sois content
Quand il s'aperçoit combien je pleure
En secret, il rit, doucement, doucement.

Je suis l'esclave du Qur'an, si j'ai une âme
Je suis la poussière sous les pas de Mohammad, l'Élu.
Si quelqu'un fait dire à mes paroles autre chose que ce que j'ai dit,
Je le haïrai, je le haïrai pour cette parole.

C'est ton doux sourire qui est la cause de mes pleurs
Sans lien avec toi dans le monde, je suis devenu lié à toi
Tu demandes : « Où sont ton pacte et ton alliance ? »
N'est-ce pas ton pacte et ton alliance qui me rendent dénué de pacte ?

Sans la mer de la pureté, notre perle est devenue pierre
Sans l'Ame et le Monde, l'âme et le monde sont devenus tristes
Le chagrin pour le Bien-Aimé est le polissage de l'âme et du cœur :
Conserve-le au secret de toi-même, car il préserve de la rouille.

O mon cœur, le moment de la guérison est venu
Respire avec allégresse, car cet instant est arrivé
Cet Ami qui apaise les peines des amis
Est venu en ce monde sous une forme humaine.

Le jeûne est la pierre de touche des riches et des pauvres.
Ne dites point : « Comment », car c'est là le lieu sans « comment »
C'est un jour qui naquit hors du firmament
Réjouis-toi, car le jour de l'abondance est venu.

Mon cœur a fait tant d'allées et venues dans le désert !
Le chemin s'étonne de tant d'allées et venues.
Si un Majnoun[1] avec passion est allé vers une montagne
Cent montagnes de chagrin sont venues à moi, le fou.

Je suis mort du chagrin d'amour, souffle sur moi un souffle
Afin que ce souffle me donne la vie éternelle
Tu dis : « Dans l'union avec toi, je dois être ton confident. »
Où ? avec qui ? en quel lieu ? N'as-tu pas honte, et n'as-tu pas de
[souffle ?

1. Personnage légendaire devenu fou (Majnoun) par amour pour Leyla, le Roméo de la littérature arabo-persane.

Dans les deux mondes, tu me suffis comme bien-aimé et comme ami
Car pour chaque chagrin tu es mon secours
Il n'y a personne dans les deux mondes, en dehors de toi, ô ma lune,
Sauf celui que, par ta grâce, tu as rendu quelqu'un.

Si tu ne t'enfuis pas loin de nous par jeu, qu'adviendra-t-il?
Si tu ne penses pas à nous quitter, qu'adviendra-t-il?
Nous avons pour toi des lèvres sèches et des yeux humides
Si tu supportes nos larmes, qu'adviendra-t-il?

Pourquoi gémir de chagrin et de tristesse pour nous?
Mieux vaut par l'action de grâces rendre l'union joyeuse
Pourquoi t'enfuis-tu loin de nous et te reprends-tu?
Crains de te souvenir sans cesse de l'union.

Je désire ces nuages de poussière qui viennent de ton air :
Peut-être qu'arrivera à mes yeux la poussière de tes pas
Mon âme se réjouit et sourit de ton hostilité
Car de ton hostilité me vient le parfum de ta fidélité.

Va, choisis la douleur, choisis la douleur, choisis la douleur!
Car je n'ai pas d'autre possibilité que celle-ci.
Ne t'afflige pas de ne pas avoir un véritable ami
S'il n'est point de douleur pour toi, sois triste de ceci.

On me dit : « Pourquoi tant de douleur?
Ces plaintes, ces soupirs, ce visage livide, pourquoi? »
J'ai dit : « Ne parle pas ainsi, c'est une faute
Contemple son beau visage, il n'y aura plus de problème. »

Prends garde, mon cœur, de laisser pénétrer la tristesse en toi
Ne choisis pas de parler en ce monde avec un étranger
Si tu te contentes d'un peu de pain et d'herbes
Tu considéreras le monde entier comme un brin d'herbe.

Moi, je ne veux rien d'autre que toi, que dois-je faire?
Nul remède pour mon cœur triste, que dois-je faire?
Tu dis : « Nous tournons tellement à cause du firmament. »
Je n'ai rien d'autre à faire que cela, que dois-je faire?

J'ai dit : « Les yeux des créatures me rendent affligé. »
Puissé-je en finir avec la peine que ces yeux me causent!
Il est devenu comme une image dans mon corps, qui est lui-même
[une image
Donc, je suis à présent très loin des yeux.

Tu as accepté, et j'ai peur de ton refus
A ton service, j'ai peur du mauvais œil
Par crainte de voir disparaître le soleil de ta beauté
En vérité, j'ai peur de l'ombre de moi-même.

La roseraie de ton visage est une vision pour mon cœur
L'amertume de ta tyrannie est suave à mon cœur
Je ne me plains pas du chagrin pour toi,
Mais il est juste que tu écoutes le gémissement de mon cœur.

O mon cœur! Tu connais maintenant l'union avec le Bien-Aimé :
Meurs aux pieds de son chagrin. Combien de temps gémiras-tu?
Il faut, quand le soleil montre son visage,
Si la bougie ne meurt pas, qu'on la tue aussitôt.

Les oiseaux sont sans cage, la cage sans oiseaux.
O oiseau! Où es-tu, pour être si joyeux?
De ta plainte provient l'odeur de l'éternité
C'est sur ce monde qu'il faut gémir, car belle est ta plainte.

Je brise les racines de la douleur et du remède
Je brise les racines de l'oppression et de la tyrannie
As-tu vu avec quelle sincérité je me suis repenti?
Vois à présent comment je brise le repentir.

Pourquoi mon chagrin pour toi ne me rendrait-il fier?
Pourquoi ne remplirais-je le monde de ma passion pour toi?
Auprès de la grâce de ta main, la mer est comme l'écume
Pourquoi ne pas la remplir de perles, grâce à ta main[1]?

O mon cœur! Supporte la douleur pour Lui, si tu es brave
L'âme est ton esclave si tu as du chagrin
Tu n'achèteras pas cent richesses pures au prix d'un grain d'orge
Si tu as bu un peu de lie dans la main de son chagrin.

Quand nous rejetons de notre tête la couronne de l'égoïsme
Alors nous commençons à te servir
Nous avons beaucoup pleuré, et la séparation a ri
Maintenant, le moment est venu pour elle de pleurer, et pour nous de [rire.

1. Jeu de mots sur *qaf*, écume, et *qaf*, paume de la main.

Je suis heureux quand je suis triste
Alors que je suis détruit, je suis content
Quand je suis tranquille et silencieux comme la terre
Mon cri, comme le tonnerre, monte jusqu'au firmament.

Nous sommes ceux qui sont rendus heureux par le vin, sans coupe
Chaque matin rayonnants et chaque soir joyeux
On dit : « Votre vie et votre joie ne sont pas éternelles. »
Nous sommes ceux qui sont contents de ce qui n'est pas éternel.

Nous sommes ceux qui sont contents sans or et sans richesses
Nous sommes tranquilles dans la douleur, et paisibles dans la peur
Jusqu'au dernier tour du firmament, nous sommes contents d'être soumis
Ne crois pas que nous soyons, comme toi, contents à demi.

C'est ton cœur qui te conduira à l'amour de ton cœur,
C'est ton âme qui t'amènera à l'amour de ton âme
Ne laisse pas le pan de la robe de ton chagrin,
Car cette douleur t'amènera vers le remède.

Hier, une telle chance, un tel contentement,
Aujourd'hui, un tel feu, une telle brûlure d'amour
Hélas ! Dans notre livre, la main de Dieu
Écrivit : « Celui-ci un jour, celui-là un autre jour. »

La fête est venue, et de toi a reçu des présents
De la meule de la lune, ta fête a reçu des grains
Il lui est arrivé de pouvoir regarder la lune
Il ne lui est pas arrivé de pouvoir emporter la lune dans sa maison.

Mon Bien-Aimé m'a emmené dans un lieu de délices
En dehors du monde du corps et de l'âme.
J'ai dit : « Je n'y vais pas », cherchant des prétextes.
Il m'a dit : « Tu iras » et m'a emmené de force.

Je suis tel l'atome dans le rayon du soleil, et tu es pour moi le visage
[du soleil
Je suis malade de chagrin : Tu es mon remède
Je prends mon vol dans le ciel, sans ailes et sans plumes, en te suivant
Je suis transformé en une paille, tu es l'ambre qui m'attire.

O mon âme, cette peine est plus cruelle que ce que tu peux imaginer :
C'est la douleur de l'âme, la fièvre du corps, la brûlure du corps.
Chaque chose dont on se nourrit devient plus petite, sauf le chagrin
[pour toi :
Plus je m'en nourris, et plus il devient grand.

Prends garde à ne pas regretter le passé
Sois un soufi, ne dis mot du passé
Tu es le fils de l'instant, tu es jeune, tu es le vainqueur du temps
Il ne faut pas que soit perdu ce court instant présent.

O toi qui cherches le monde, tu es un esclave
O amoureux du Paradis, tu es loin de la vérité
O toi qui es satisfait dans les deux mondes, car tu n'as pas de nouvelles,
Tu ignores la joie de la douleur pour Lui, ce n'est pas ta faute.

Chaque jour, mon cœur est plus affligé de douleur pour toi
Et ton cœur sans tendresse a de la haine pour moi
Tu m'as quitté, mais le chagrin pour toi ne me quitte pas :
Il est clair que ce chagrin est plus tendre que toi-même.

Le jour est sombre, et les yeux du nuage sont humides
Ces larmes sont faites pour le sourire des feuilles et des branches
Le jeu des petits enfants et leurs sourires
Viennent de la peine du père et des larmes de la mère.

O toi dont l'amour a embrasé le cœur du monde,
O toi pour qui devant chaque *mihrab* on prie en gémissant,
Il faut une nuit belle, lunaire, éternelle,
Pour que je te raconte toutes sortes de chagrins.

Si tu peux te trouver un instant avec ton ami intime
Tu tireras, toute ta vie, profit de cet instant.
Prends garde à ne pas perdre cet instant
Car un tel instant, tu ne peux guère en trouver.

O mon Seigneur ! Je me repens de ce qui est passé
L'excuse de l'amoureux est-elle acceptée ?
Si les châtiments sont le regret, l'éloignement et le délaissement,
O mon Seigneur ! Que Dieu me pardonne, que Dieu me pardonne,
[que Dieu me pardonne !

Si tu offres à quelqu'un la brûlure de ton cœur
Et que, par l'amour, tu rends ton esprit plein de désir,
Il te faut, quand ta plainte est la paix de ton cœur,
Exhaler ce gémissement avec chacun de tes souffles.

Tu penses que je suis libéré de mon chagrin pour toi,
Que, sans toi, je suis devenu patient et resté tranquille
O Seigneur ! Fais que je ne m'approche jamais de la joie
Si je demeure un instant sans chagrin pour toi.

Ce trouble de mon cœur affligé, d'où vient-il ?
Cet amour, qui courbe mon corps, d'où vient-il ?
Ce cœur qui dans mon être, jour et nuit,
Pour toi lutte avec moi, d'où vient-il ?

Mon Bien-Aimé dit : « Celui-ci, pourquoi vit-il ?
Puisque je suis son âme, comment vit-il sans âme ? »
Je pleurais. Il dit : « C'est étrange !
Sans moi qui suis ses yeux, comment peut-il pleurer ? »

Plus misérable qu'un amoureux impatient, quel est-il ?
Car cet amour est un mal sans remède.
Le remède du chagrin d'amour n'est ni l'avarice ni le mensonge.
Dans l'amour de la Vérité, il n'est ni fidélité ni tyrannie.

Une partie du monde est triste, et ne sait pas d'où vient sa tristesse.
Une partie est joyeuse sans savoir d'où cela vient.
Certains à gauche ou à droite, sans rien savoir de la droite ni de la [gauche,
Beaucoup de « moi » et de « nous », sans rien savoir de moi et de nous.

Je suis l'esclave de cette âme qui me garde comme l'âme
Qui me garde toujours frais comme le jardin et la roseraie
Tantôt il me rend célèbre dans le monde entier,
Tantôt il me rend inconnu comme lui-même.

Si tu me fais souffrir, quelle est la valeur du pacte?
Si tu me donnes du poison, quelle est la valeur du miel?
Si de la part des créatures l'effort est œuvre pie,
Quant à moi, quelle est la valeur de l'effort?

O jour de contentement et de joie, tu t'écoules, heureux
O monde de l'amour et de la confiance, tu passes, heureux
Je dors à l'ombre de tes cheveux : toi aussi,
Un moment, à l'unisson avec moi, puisses-tu être heureux!

O armée de l'amour, si tyrannique que vous soyez,
Ramenez cet ami parti courroucé
Vous ne pouvez sauver une seule âme, si votre cœur est si dur,
Vous ne pouvez guérir une seule personne, même si vous le voulez.

O vous, qui avez le cœur tendre et êtes toujours fidèles,
Dans la terre noire, vous répandez des perles pures
Partout, vous avez des nouvelles de mon « état » :
Ne me laissez pas demeurer dans une telle séparation.

Comment pourrait se chagriner celui qu'habite la joie,
Ce cœur en dehors de l'univers entier?
Comment accepterait-il la graine du chagrin comme la terre
Celui dont le désir fait mouvoir le firmament?

Comment serait-il triste, celui dont la joie vient de toi?
C'est par ta lumière qu'existe le soleil.
Comment resterait caché le secret du monde
Pour celui qui est intime avec toi?

Nous étions attachés, un autre lien est venu
Un autre est venu, le cœur perdu, tout affligé
Nous étions enchaînés par les anneaux de tes tresses
Sur notre cou est venu un autre lacet.

De nouveau est venu celui dont le cœur est triste
Le pauvre est parti lentement, mais est revenu vite,
Par nostalgie de toi, comme les âmes exilées,
Il est revenu de la ville vers le royaume.

O ma lune, tu es dans mon cœur la cause de la joie
Les autres existent, mais la brûlure de mon cœur, c'est toi
Le monde se réjouit de la fête de Norouz[1]
Ma fête et mon Norouz, aujourd'hui, c'est toi.

Tu n'es pas fait seulement d'eau et d'argile:
O Seigneur, Il a fait tant de choses pour toi!
Si tes plaintes montent vers quelqu'un comme Lui
Il dit «*Labbayka*[2]» pour quelqu'un comme toi.

1. Fête du Nouvel An iranien.
2. «Me voici», parole du pèlerin à La Mecque.

O bouche fraîche, ne deviens pas sèche un jour!
De telle sorte que tombe en toi le feu de l'amour et que tu brûles!
Si tu déchires le froc du corps sans tristesse
Tu apprendras l'amour, de l'âme de celui qui enseigne l'amour.

J'ai parfois une séparation brûlant le monde,
Parfois une joie qui dilate l'âme
Hélas! Le destin, sur la tablette blanche,
A écrit : « Un jour celui-ci, celui-là un jour. »

Puisque à mon ennemi l'ami sert de compagnon
Avec l'ami, il ne convient pas de rester
Méfie-toi de cette fleur qui reste avec l'épine,
Éloigne-toi de cette mouche qui reste avec le serpent.

Mon cœur s'en est allé vers Celui qui est heureux sans nous
La tristesse est amère; pourtant, sa tristesse à lui est douce
S'il réclame ma vie, je ne la lui donnerai pas, pendant quelques jours :
Ma vie n'est pas importante, mais je veux qu'Il me la demande.

Tu es mon âme et mon univers; la vie avec toi est douce
Si tu me blesses de ta lance, cette blessure me sera douce
La poussière de tes pas est une mine de pierres philosophales,
Chaque chose pénible avec toi devient douce.

O toi pour qui j'ai gémi sans retenue
La jalousie l'a entendu et me l'a reproché
Je m'en vais et je me plains dans un endroit furtif
Où ni le cœur ni les yeux ne s'aperçoivent que je geins.

O ami qui remplis le monde de joie et de suavité
Tu es toute la joie et nous sommes trente parcelles
Seul le soleil donne au monde ces choses
Que ne donnent ni la lune ni des milliers d'étoiles.

Mon Bien-Aimé est revenu avec un cœur dur comme la pierre
A cause de sa dureté, mon propre cœur est en cent morceaux
Dans l'assemblée, j'étais avec son amour, comme un luth,
Et lui s'est emparé de mon pauvre moi.

Des milliers d'êtres désirent être unis à Toi,
Mais qui parviendra à cette union?
Celui qui est arrivé a obtenu la quiétude parfaite!
A celui qui n'est pas parvenu, la souffrance de la recherche suffit.

Bien que mon amour soit triste et patient,
Le gémissement des amoureux n'est pas sans douceur
L'âme est pareille à la roseraie qui sourit,
Mais le corps tremble comme par la fièvre.

O mes yeux, vous ne serez pas appauvris par les larmes
O mon cœur, cet état ne te rendra pas ensanglanté
O mon âme, si tu es arrivée au dernier instant de mon corps
Pour quelle raison rester donc là?

Si tu deviens la proie de Dieu, tu seras libéré du chagrin
Si tu pénètres en ton propre être, tu y seras captif
Sache que ton existence est le voile de ton chemin
Ne reste pas avec toi-même, tu n'éprouveras que lassitude.

J'ai dit : « Peut-être mon chagrin pour toi sera-t-il mon remède ? »
Comment aurais-je su que ce chagrin me rendrait sans remède ?
Il dit, par grâce : « Quel est ton remède ? »
Je dis : « L'union avec toi. » Il répondit : « Cela est sans remède. »

Je dis : « Je ne puis te retirer mon cœur,
Et sans chagrin pour toi, je ne peux vivre un seul instant. »
Je dis : « Je chasserai cette passion pour toi de mon cœur. »
O Seigneur ! Si je dois le faire, je ne le peux pas.

Je ne peux pas gaspiller les mystères,
Je ne peux montrer parfaitement ceci
Au plus secret de moi-même, quelque chose me donne la joie
Je ne peux pas faire toucher cela du doigt.

Je désire pour mon cœur son chagrin habituel
Comme il est bon qu'il puisse avoir cette peine !
O toi cœur qui n'as pas de cœur, saisis son chagrin :
En un clin d'œil, le chagrin pour Lui deviendra Lui-même.

La poussière sous tes pas est la joie de mon âme
La poussière sous tes pas est pour moi roses et jasmins
Toutes choses proviennent de ta poussière :
Pourquoi relever le visage de la poussière de tes pas ?

Pourquoi me repentir, puisque mon repentir est ton ombre ?
Le repentir tout entier t'appartient
Le pire des péchés devant toi est le repentir :
Où est ce repentir qui serait digne de toi ?

Quand je suis à toi, il te faut chercher ce que je désire
Car dans cette ville, il y a des histoires à notre sujet, toi et moi.
Que tu rendes ton cœur aimable ou dur,
De ta pierre, je jaillirai comme une source.

Qu'est-ce que le chagrin qui tourne dans le cœur de l'homme?
Le chagrin tourne autour de ceux qui sont tristes et froids
Dans le cœur de l'homme de Dieu existe un océan
Qui, grâce à ses vagues, fait tourner le monde.

Quand le chagrin vient-il chez les esclaves du sultan
Là où se trouvent toutes ces chances souriantes?
Il existe quelque chose de plus vaste que la joie
Qui tourne dans la tête de ceux qui sont ivres et pleins de langueur.

Si je remplis de mes plaintes le firmament, ce n'est pas de ma faute
Si je remplis de rosée le désert, ce n'est pas de ma faute
Tu es mon âme, et je te poursuis
Si je poursuis l'âme, ce n'est pas de ma faute.

Je ne suis pas rassasié, mais je suis las de ceux qui le sont
Dans la poussière de ton seuil, je suis désaltéré par l'Eau de la vie
Je crois en toi, et j'ai quitté mon âme
Comme les incroyants, je suis las de l'âme.

Puisse le chagrin habiter le cœur sans fidélité!
Que l'infidèle n'existe pas en ce monde!
Nul, le sais-tu? ne se souvient de moi,
Sauf le chagrin. Mille louanges au chagrin!

O toi qui es unique comme le soleil, viens!
Sans toi, le jardin et les feuilles sont jaunis, viens!
Le monde sans toi n'est que poussière et cendres
Ce banquet, ces réjouissances sans toi sont fanés, viens!

VII

La raison - la folie

O toi dont le monde entier contemple le beau visage
O toi pour qui les âmes des hommes déchirent leur vêtement
Aux yeux des gens intelligents
Ta folie est meilleure que la raison des autres.

Je suis devenu fou : c'est une faute pour un fou de dormir
Comment le fou peut-il connaître le moyen de dormir ?
Car Dieu ne dort pas, Il est loin du sommeil[1].
Le fou de Dieu, sache que c'est avec Dieu qu'il dort.

La richesse de la raison est le mystère de la folie
Le fou de la raison est l'homme de la sagesse
Qui obtient la connaissance du cœur dans le chemin de la douleur
Trouve en son propre être des milliers d'étrangers.

1. Cf. Qur'an, II, 255.

Que périsse cette tête qui n'est pas poussière pour le Seigneur
Et ce cœur qui n'est tout entier noyé dans Son amour!
On dit : « Il n'y a pas entre eux place pour un fil. »
Je suis devenu mince comme un fil, parce qu'il n'est pas de place
[pour moi.

Enfuis-toi, raison, la sagesse n'est pas ici
Serais-tu un cheveu, il n'y aurait de place pour toi ici
Le jour s'est levé; dans le jour, chaque lampe allumée
A la lumière du soleil apparaît dérisoire.

On dit : « La raison universelle possède beaucoup de science
C'est la raison universelle qui est l'essence de ce monde. »
Cette raison qui avait la raison, c'était la raison partielle
Quand la raison abandonna la raison, elle devint la raison universelle.

Moi aussi, j'étais comme toi, éveillé, raisonnable
J'étais négateur avec tous les amoureux
Je suis devenu fou, ivre et plein de trouble :
Penses-tu donc que j'étais toujours comme cela?

Ses mensonges ont fait de moi un objet de raillerie
Ils m'ont rendu déshonoré, sans esprit, insensé
Enfin, son cœur a transformé mon cœur :
Il m'a donné toutes les formes qu'il voulait.

Je suis allé chez le Bien-Aimé, le visage souillé de sang
Dans mes yeux et mon visage paraissaient les signes de la folie,
J'ai brisé mes chaînes et je suis sorti
En mettant le pied sur *Kun fa yakun*.

Il n'est pas vrai que mon cœur soit las de cette fête nocturne
Ni que notre échanson soit fatigué, las.
Le sommeil fait pencher la tête de la raison comme une ombre :
Viens plus tôt demain, car ce soir il est tard.

Ce monde est, sache-le, comme le sang dans nos veines
Comment le sang peut-il dormir, quand il est dans nos veines ?
Ce n'est pas le chagrin, mais le signe de la folie qui est dans nos veines :
Car en elles se trouve le magicien de la magie.

Il n'est personne connaissant ta sainteté royale
Qui sans cœur et sans raison n'aille dans ta maison
Est bien fou celui qui a vu ton visage
Et qui demeuré loin de toi n'est pas devenu fou.

Devant ton visage, quelqu'un pense-t-il au jardin ?
Avec ton amour, pense-t-il à la lampe et au flambeau ?
On dit : « La puissance de la raison provient du sommeil. »
Existe-t-il un amoureux qui pense à la raison ?

Par la raison viendront les preuves, et par l'amour vient Khalil[1]
Celui-ci est l'Eau de la vie, celle-là, c'est l'eau du ruisseau
Dans la sphère céleste, tu ne peux chercher un signe de l'amoureux
Si tu montes dans les cieux quand le signal du départ a retenti.

1. « L'Ami de Dieu », Abraham.

La flamme de ma passion pour toi m'avait brûlé de fièvre
Dans le ruisseau de mon cœur, ta parole était l'eau
Cette eau était un mirage, cette flamme un éclair
Déjà l'histoire est passée, comme si c'était un rêve.

Le cœur s'agite, afin d'arriver à ton agitation
Il a perdu conscience, pour arriver à ta conscience
Il boit du poison, afin d'arriver à ta douceur
Il est devenu pareil au marteau de la porte, pour que le bruit
[parvienne à tes oreilles.

Le jour où l'amour s'est attaqué à mon cœur
Mon âme a pris la fuite pieds nus
Celui qui me croit raisonnable est fou
Celui-là est raisonnable qui s'enfuit loin de moi.

Quel soleil rivalise avec ton visage?
Où est le vent fou qui arrive à tes cheveux?
Cette raison, souveraine de la cité de l'existence,
Deviendra insensée en arrivant à ton quartier.

Dans ton amour, à quoi bon reproches et récriminations?
J'ai bu une goutte de poison : à quoi me sert le sucre?
On me dit : « Attache tes pieds. »
Mon cœur est fou : à quoi me sert de me lier les pieds?

Cette âme qui était mon amie m'est devenue étrangère;
La raison, qui était un médecin, est devenue folle
Les rois ont caché les trésors dans les ruines :
Notre ruine est devenue ruine à cause des trésors.

J'ai fait cela, sans regarder devant moi ni derrière
O toi qui fais de même, le résultat, le voici :
En cet instant où le destin se livre à des ruses, ô derviche !
La raison prévoyante s'enfuit à la maison.

O soleil qui rendis ce visage éclatant,
Par sa splendeur tout est devenu parfait
Toutes les étoiles, tu les as allumées,
Si tu es le plus grand, c'est que tu es le plus brûlé.

Là où tu es, ô Bien-Aimé, le cœur reste-t-il ?
A la lumière de ton visage, demeure-t-il un chemin sombre ?
Tu as dit : « Il me faut une créature raisonnable. »
Celui qui t'a vu peut-il garder sa raison ?

Sois étranger aux paroles de ceux qui sont étrangers à la vérité
Écoute de ce fou une parole juste :
Tu remplis cent maisons de miel comme l'abeille
Si tu sépares ta maison de la leur.

J'ai dit : « Tu es comme le vin, et je suis la coupe
Je suis mort, et tu es la vie et le Bien-Aimé ;
Ouvre à présent la porte de la fidélité. » Il répondit : « Tais-toi.
Laisse-t-on entrer un fou dans la maison ? »

Lève-toi, va vers cet homme noble,
Viens parler à cet ami qui apaise les cœurs
Sors de ce piège, et pénètre dans un autre piège :
S'il te chasse par la porte, entre par le toit.

O mon cœur las ! Voici que le jour du courage est venu
Dans ton amour, ce n'est pas le temps d'être étranger
Renonce à toute chose qui vient de la raison
A présent est venu le temps de la folie.

Existence et non-existence me sont étrangères
Il convient au preux de renoncer à toutes deux
Si toutes ces choses étranges qui se trouvent dans mon cœur
Ne me font pas devenir fou, c'est la pire des folies !

Nous désirons, et les autres aussi désirent,
Qui aura la chance, à qui permettra-t-on d'entrer ?
Finalement, le chagrin, et son jeu, et ses rires
Nous ont privés de notre raison, de notre politesse, et de tout ce que
[nous avions.

L'amoureux qui n'est pas déférent envers toi, comment fait-il ?
Les nuits qui ne viennent pas dans ton quartier, comment font-elles ?
S'il donne un baiser aux anneaux de tes boucles, ne te fâche pas
Le fou qui ne mord pas ses chaînes, que fait-il ?

Est impie celui qui n'est pas amoureux de toi,
Est sans âme celui qui n'est pas bouleversé par toi
Je ne considère pas comme raison même la Raison universelle
Si elle n'est folle et déshonorée à cause de toi.

Je dépasserai de cent degrés le lieu de la raison,
J'oublierai l'existence, le bien et le mal.
Ta beauté est si éclatante que je suis derrière le voile
O ignorants ! C'est de moi-même que je suis amoureux.

Si tu conjoins cent longs jours ensemble
L'âme ne se satisfera pas de ce gémissement
O toi qui te gausses de notre histoire
Tu n'es pas devenu fou, tu es sage déjà.

N'appelle pas fou le sage de l'amour
N'appelle pas étranger celui qui a la même *khirqa* que l'esprit
N'appelle pas océan une coupe
Il connaît son propre nom, ne raconte pas d'histoires.

Par la poussière de tes pieds, les têtes sont étonnées
Les aveugles sont tous ivres, les sourds-muets égarés
Et ces gens purs anéantis dans la pureté
Même eux sont émerveillés par elle.

Dans l'amour, demande-moi le résumé de la folie
Demande-moi l'âme et la raison perdues
Demande-moi cent événements qui augmentent chaque jour
Demande-moi cent déserts remplis du feu du sang.

Toute ma vie, je suis un esclave qui s'est oublié lui-même
Je suis montré du doigt par tous, hommes et femmes
Quitter la vie et le monde n'est pas difficile :
Le difficile, c'est de quitter son propre quartier.

Tu étais silencieux, je ferai de toi un conteur
Tu étais ascète, je ferai de toi un chanteur
Dans ce monde, tu n'as ni nom ni signe
Je te ferai asseoir, et ferai de toi celui qui donne des signes.

Si ta main est lasse, frappe du pied
Si ton pied est fatigué, chante une mélodie
Si tu n'as rien de tout cela, sers-toi de ta raison
Qu'à chaque instant, enfin, chacun de tes souffles soit plein de fidélité.

Ton ombre est notre foyer et notre demeure
La tresse de tes cheveux la chaîne de notre cœur fou
En tout lieu se trouvent une bougie et quelques phalènes,
Mais non comme notre chandelle, qui est notre papillon.

Le moment est venu de nous occuper de toi
Et de faire de ton âme la demeure du feu
Tu es une mine d'or, et tu es caché dans l'âme
Afin de te purifier, nous te jetterons dans la flamme.

Nous ne pouvons craindre la blessure de la flèche ou du poignard
Ni craindre d'avoir les pieds enchaînés ou de perdre la tête
Nous nous précipitons pour avaler l'enfer
Et ne nous soucions pas de ce que le monde dit de nous.

J'ai crié. Il a dit : « Je veux que tu te taises. »
Je me suis tu. Il a dit : « Je veux que tu cries. »
J'avais la fièvre. Il a dit : « Non, sois calme. »
Je suis devenu calme. Il a dit : « Je veux que tu brûles. »

Si je suis patient, mon âme et mon habit brûlent,
Mon âme et l'âme de tous brûlent
Si je dis quelque chose, ma bouche brûle
Non seulement ma bouche : les deux mondes brûlent.

Le Moïse de ce troupeau possède un bâton étrange
S'il le jette, il ne fera de toutes ces bêtes qu'une bouchée[1]
Il ne laissera ni plaie ni onguent
Toute intelligence n'est pas capable de saisir cette allusion.

Dans la pauvreté spirituelle, sois tout à fait pauvre, et dans la
[puissance sois pur.
Armé de pauvreté et de pureté, viens au combat
Si ton ennemi se vante de posséder cent épées
Puisqu'il ne voit rien, où peut-il frapper?

1. Cf. Qur'an, VII, 107-117.

VIII

La vision

Notre regard est loin de toi, c'est notre excuse
Car nos yeux ne voient que l'apparence des choses
Mes yeux ne sont pas dignes de te voir, pourtant
Comment peuvent-ils renoncer à toi? Mon âme, tu es si douce.

A cause de mon amitié, j'ai le cœur ensanglanté.
Je supporterai cette tyrannie jusqu'à l'aube de la Résurrection.
Demain, quand se lèvera ce Jour,
Tu réclameras mon sang; moi, je regarderai ton visage.

Le soleil et les étoiles et la pleine lune pour nous c'est Lui
La roseraie et le palais, la cour et la place d'honneur
Pour moi, la *qibla*, le jeûne, la patience, c'est Lui,
L'Id[1], le Ramadan, et la Nuit du Destin, c'est Lui.

1. Fête religieuse.

Si tu regardes l'extérieur, tu vois le visage de l'homme
Tu vois les créatures étranges de Byzance et de Khorassan
Dieu a dit « Retourne-toi », et se retourner, c'est ceci :
Regarder à l'intérieur, pour voir autre chose que l'homme.

O Toi dont le visage est la *Ka'ba* du cœur et la *Qibla* de l'âme
Chandelle ardente, j'ai brûlé de chagrin, ô flamme de l'âme !
Enlève ton voile, montre ton visage à l'amoureux
Pour qu'il déchire avec ta main la *khirqa* de l'âme.

Ce visage invisible, dont l'ennemi a entendu parler
Et auquel il pense par analogie (avec lui-même)
Est devenu manifeste comme le soleil :
Où qu'il tourne son regard, l'ennemi ne le voit pas.

Les neuf cieux sont les esclaves de notre nature autoritaire,
L'existence est le ferment de la non-existence.
De l'autre côté du voile se trouve quelqu'un qui est notre mère
Ce n'est pas nous-mêmes qui sommes venus, c'est notre ombre.

Veux-tu que se dévoile pour toi l'existence du Bien-Aimé ?
Renonce aux apparences, pénètre dans le réel.
Bien des voiles cachent son essence
Il est immergé en Lui-même et les deux mondes sont immergés en Lui.

La vision de ce visage qui pour toi est regard
Est pour nous la lumière du cœur et des yeux
Ce même visage qui, de l'aube de l'Etre jusqu'à l'éternité,
Ne cesse un seul instant de regarder *ton* visage.

Quand l'image du cœur revient dans le cœur,
Le pauvre cœur égaré redevient paisible
Si la vie était passée et qu'il ne restât qu'un instant,
Il suffirait qu'Il arrive pour que tout le passé revînt à moi.

Le firmament entier était embrasé par ton feu
Le ruisseau du monde était rempli par l'eau de ta mer
Cette eau était un mirage, ce feu un éclair
Cet instant a fui sans laisser de trace : peut-être était-ce un rêve.

Ta grâce a fait surgir tout un monde et toute une communion
Elle a reproduit Son image dans les choses
Une goutte de cette eau est tombée dans cet océan
Une graine de cette grange a été semée dans cette terre.

Dans la terre, par fidélité envers cette beauté,
Sème le cœur et la vision, ne te soucie pas des fruits
Écoute-moi, afin de ne pas être détruit
Dieu sait que tu ignores tout d'ici-bas et de l'au-delà.

O toi dont la demeure était au firmament
Et qui pensais appartenir au monde de la pureté,
Tu as dessiné ton visage sur la terre
Et tu as laissé ce qui était ton origine.

Cette forme humaine, qui a été créée,
C'est une image, attachée à un fil de chagrin
Que ce soit un démon, un ange une bête sauvage
Qu'est-ce que cette magie qui a eté créée?

La vie et l'être de ce Bien-Aimé se trouvent derrière le voile :
Ce voile n'est pas un voile, ce voile est une ouverture
Qu'il soit derrière le voile, ou que ce voile soit une ouverture,
Frappe à cette porte, car dans ce voile est une ouverture.

O narcisse, sans yeux, sans bouche, tu es emerveillé
Ce qui t'émerveille, c'est le visage des jeunes mariées du jardin
Non, je me trompe, toi-même et ces jeunes mariées, les fleurs,
Vous êtes émerveillés par mon Roi caché.

Hier, en songe, j'ai vu une lune
Pareille à la mer, ô merveille ! comme l'argent
Aujourd'hui, j'erre auprès de chaque porte :
Qui a des nouvelles du Bien-Aimé que je vis hier soir ?

Dans le chemin de la Recherche, il faut quelqu'un qui soit arrivé
Quelqu'un qui ait renoncé à ce monde
Cherche un remède pour ton regard :
Le monde entier est Lui, il faut avoir la Vision.

Ce jour où la Bien-Aimée vient plus rarement,
Son image dans mes yeux vient
Elle est si étrange et sans pareille
Elle est dans mon cœur même, mais mon cœur doute.

Si je n'étais pas ce pauvre, amoureux de ton visage,
Je ne resterais pas tant devant la porte de ta maison.
Tu m'as dit : « Ne reste pas sur mon seuil, va-t'en ! »
O mon Bien-Aimé ! Comment vivre, sans rester sur ton seuil ?

Quel est celui qui en apparence cause le plaisir ?
Quel est celui qui en apparence est triste ?
Quel est celui qui, caché un moment loin de l'apparence,
Revient un instant, d'au-delà de l'espace, à l'apparence ?

Il te faut passer dans la roseraie de mon Bien-Aimé
Il te faut regarder le visage de mon Bien-Aimé
Dans l'ignorance, tu as gagné la victoire
Il te faut de l'ignorance acquérir la connaissance.

Ton visage me rendait comme une roseraie
La vision de toi faisait briller mes yeux
Je disais : « Que son visage soit loin du mauvais œil ! »
O mon ami ! Peut-être ton mauvais œil n'était-il que moi-même.

Tu es partie, mais tu n'es pas partie, ô mon aimable idole !
Ton amour est dans mon cœur, et ton image est dans mes yeux.
Je suis errant, peut-être te trouverai-je en face de moi,
O toi qui es le guide de mon chemin obscur !

O toi qui donnes une vie infinie
Tu es sans limites, et tu montres la limite de chaque âme
Tu sais que tu ne peux être contenu en ce monde
C'est pourquoi tu demeures dans l'Invisible (*Ghayb*) et tu ne sors pas.

Chaque atome, chaque image sont voyants,
Conscients de notre joie et de notre peine
Pourquoi rester étranger au sein de tes paroles ?
Ceux qui ont des nouvelles ne doivent pas demeurer sans nouvelles.

Approche-toi, image de Lui, car tu possèdes la ferveur
Reste dans mes yeux, car tu as la lumière
Tu as la fortune d'avoir un signe de Zohra[1]
Et, comme David, tu as un psaume dans ton cœur.

O esclave, sache que Celui-ci est le Seigneur de l'Orient
Du nuage éternel qui pleure des perles provient cet éclair
Chaque chose que tu dis, c'est par analogie
Mais lui dit ce qu'il a vu de ses yeux, c'est la différence.

Quand l'aube de l'amour divin commence à se lever
L'âme dans le corps des vivants prend son vol
L'homme arrive à cet état où, à chaque souffle,
Sans se servir de ses yeux, il parvient à voir l'Ami.

Tous les atomes qui sont dans l'air et dans le ciel
Pour nous sont des roseraies, des vergers
Quoique l'or provienne de la mine,
Chaque goutte d'eau est une magie : elle recèle la mer d'Oman.

Il est doux de contempler le visage du Roi :
La vision de l'âme du Bien-Aimé rend l'âme vivante
En songe, j'ai vu les tresses de ton amour
O Seigneur ! Qu'est ce rêve bouleversant ?

1. Zohra, la planète Vénus, représentée dans la littérature persane comme une joueuse de luth.

Ne pense pas que cette terre soit dépourvue de conscience
Tel le lièvre, elle reste éveillée, bien que ses yeux soient clos
Comme une marmite, elle a beaucoup d'écume
Afin que les gens sachent qu'elle est en fermentation.

J'entends son message dans le vent
Le rossignol enivré me répète son nom
Cette image étrange que j'ai vue sur la porte du cœur
Sur sa terrasse j'en entends parler.

Le sens profond des choses, il n'est qu'en ton visage
Ce qu'affirment les gens, c'est ce sens que tu recèles
Dans l'existence et le néant, combien il est étrange
Que brille cette lumière secourable à ce monde et à l'autre.

Cette âme où se trouve une image de toi
Quand pour cette âme existent la destruction et la foi ?
La lune diminue, quoiqu'elle devienne croissant
Sa diminution est le commencement de la plénitude.

O mon Dieu ! Ce que ce mendiant te demande
Dans tous les mondes, quel roi le désire-t-il ?
Chaque atome de ton soleil révèle de loin sa splendeur :
Lui, ce qu'il implore, c'est ton soleil tout entier.

Celui qui te voit avec une vision superficielle
Alors qu'il voit un pur croyant le prend pour un impie
Ne regarde pas les voyants avec des yeux endormis
Car ces yeux ne sont pas faits pour voir les mystères.

Au début, quand j'écoutais les histoires de l'amour
J'ai laissé mon âme, mon cœur, mes yeux, dans son chemin.
Je disais : « Peut-être que l'amoureux et le Bien-Aimé sont deux. »
Tous les deux n'étaient qu'un, c'est moi qui voyais double.

Ton visage est par sa grâce le miroir de l'esprit
Je désire que les pieds de ton image, à l'aube,
Se posent sur les flèches de mes cils,
Mais j'ai peur qu'ils ne blessent les pieds de ton image.

Partout où je pose ma tête, c'est Lui qui est prosterné
Dans les six directions et en dehors d'elles, c'est Lui qui est prié
Le jardin et la fleur, le rossignol, le *sama'* et la Bien-Aimée,
Toi seul es mon but, la seule Réalité.

O toi qui nous as enlevé le sommeil par la magie de tes yeux,
Où est cette Eau de la vie et la douceur de ta beauté?
Comment verrais-je l'eau, quand je suis noyé dans le ruisseau?
Dans les six directions de l'espace, l'eau me garde prisonnier.

Fixe ton regard vers les hauteurs et garde-le là
Sois avisé, fais attention à nous
Comme les hommes véritables, garde ton cœur avec nous
Je suis venu, j'ai apporté, tu le sais, attends.

En toi se trouvent l'existence et le néant
Toute ta joie et ton chagrin sont Lui
Tu ne possèdes pas les yeux pour le voir
Sinon tu verrais que, de la tête aux pieds, tu es Lui.

Cette lune qui n'est ni en haut ni en bas, où est-elle?
Ce joyau qui n'est ni avec nous ni sans nous, où est-il?
Ne dis pas : « ici » ou « là »; dis la vérité : où est-il?
Le monde tout entier est Lui, mais le Voyant, où est-il?

Si je t'appelle, ô Toi! mon appel est un voile entre moi et Toi.
La lumière de ton visage est comme un voile pour ton visage
Imaginer tes lèvres me prive de tes lèvres
L'image de tes lèvres est un voile pour tes lèvres.

Dans le jardin, il y a des milliers de belles
Des roses, des violettes, au parfum délicieux
Et cette eau luisante comme une cotte de mailles, coulant dans le ruisseau
Tout cela n'existait pas, tout cela était Lui.

Avec la lumière de la vérité, que sont la certitude et le doute?
Avec la douceur de la vérité, qu'est-ce que l'amertume?
Le soleil se cache de honte devant Sa face
Ces lumières qui restent, que sont-elles?

Tu as rendu chaque parcelle de terre pareille à une lune
Ensuite, Tu as rendu la lune égale à un roi
Enfin, Tu as soupiré à cause de la séparation de tous deux,
Et par ce soupir, Tu as créé un chemin vers Toi-même.

Tu es la mine du monde, et le monde est la moitié d'un grain d'orge
Tu es l'essence du monde, et le monde est neuf en toi
Si le monde est rempli de bougies, de flambeaux,
Sans fer et sans pierres, un souffle suffit à l'éteindre.

O Toi ! L'Eau de la vie est une goutte de l'eau de ton visage,
O Toi ! La lune du firmament est un vestige de l'éclat de ton visage
Je me disais : « A la longue nuit, je demande le clair de lune
Cette nuit est la nuit de tes tresses, et le clair de lune est ton visage. »

Il y a toute une vie que nous n'avons vu la roseraie de ta Face
Ni tes yeux de narcisse, languissants et enivrés
Tu es caché aux yeux des hommes, comme la fidélité.
Il y a si longtemps que nous n'avons vu ton Visage !

On dit : « Dans les six directions est la Lumière de Dieu. »
Un cri s'élève du monde : « Cette lumière, où est-elle ? »
L'étranger regarde dans toutes les directions
Dites-lui : « Regarde un instant sans direction. »

Mon Bien-Aimé est caché à tout le monde, sache-le !
Il est hors de l'image de chaque imagination, sache-le !
Dans mon cœur, il se manifeste pareil à la lune
Il est mêlé à mon corps comme l'âme, sache-le !

Sans le feu de ton amour, je n'ai pas bu de l'eau
Sans les traits de ton visage, je n'ai pas vu un songe
Dans ton eau pareille à du vin pur
Je gémis et je tourne comme la roue du moulin.

O Toi qui es l'émir de toutes les beautés du monde, ô Dieu !
O Toi qui es le repos et la paix de l'âme, ô Dieu !
O Toi ! Chaque matin, devant ton Visage,
Le soleil du monde dit : « O Dieu ! »

Avec l'Eau de la vie du Bien-Aimé ne reste aucun malade
Dans la fleur de l'union avec le Bien-Aimé ne demeure aucune épine
On dit : « Il y a une fenêtre entre le cœur et le cœur. »
Que dis-je, fenêtre ! Il ne reste aucune cloison.

J'ai dit en cachette hier, au maître de la maison :
« Ne me dissimule rien des secrets du monde. »
Il répondit doucement, à voix basse, à mon oreille
« C'est une chose que l'on doit voir, on ne peut l'exprimer. »

Toutes les portes sont closes, sauf ta porte,
Pour que les étrangers ne puissent chercher un chemin, sauf vers toi
O porte de la grâce, de la lumière et de la gloire,
Tes serviteurs sont le soleil, la lune et les étoiles.

Il est revenu, il est revenu, laissez-lui le passage
Il cherche le cœur, nous lui montrerons ton cœur
Nous nous écrions que nous sommes sa proie,
Il rit en disant : « Nous te garderons. »

Quand tu deviendras pur de toi-même
Tu pourras te voir grâce à ton ancien ami
Sans miroir, tu ne peux voir ton visage
Regarde le Bien-Aimé : pour toi, c'est un miroir.

Un temps, par imitation (*taqlid*) je me suis choisi moi-même
Sans me voir, j'ai entendu mon propre nom
Je n'avais pas perdu moi-même : aussi n'étais-je pas digne de moi-même
Quand je suis sorti de moi-même, je me suis vu moi-même.

Un jour, je passais par la taverne
Et j'ai enlevé cet habit de derviche, fait de main d'homme
Chacun a regardé vers une direction,
Moi, j'ai regardé mon propre regard.

Notre Bien-Aimé n'a pas de bornes
Notre bougie et notre lampe ne meurent jamais
Le visage même, le miroir même, par Dieu! sont Lui
Ce miroir est toujours brillant, il ne se rouille jamais.

Ne laisse pas un instant notre oreille sans mystère
Ne laisse pas nos yeux sans le visage du Bien-Aimé
Ne laisse pas notre main sans une coupe de vin :
Ne nous laisse pas un instant, ô Bien-Aimé, sans toi.

O mon ami, ne t'obstine pas à tuer ton serviteur, viens!
Présente-toi sous l'aspect que tu veux, mais viens!
O toi qui à chaque âme enseigna la ruse
Choisis pour moi aussi la ruse que tu veux, mais viens!

Quand son tour est venu, ses yeux versent des perles
Après son passage, le cœur a grandi comme le printemps
Le visage du Bien-Aimé fait un printemps de cet instant :
Cette action vient à son tour, attention à cet instant qui passe.

Jusqu'à quand percevrai-je les couleurs et les parfums de ce monde?
Le temps est venu de voir le visage du Bien-Aimé
Si je le regarde, je vois ma propre image
Si je me regarde, je vois Son image.

Hier, j'ai nommé la séparation tyrannie.
J'ai cherché querelle au temps qui la cause
Je me suis vu moi-même uni à ton image
Je suis parti avec ton image, et me suis endormi.

Une vie qui est en danger par amour pour toi,
Beaucoup d'yeux, par ignorance, pleurent sur elle.
En fait, les yeux qui le voient ne savent pas
Que pour lui, devant son Visage, il est des milliers de voyants.

Montre-moi ton visage, ô toi, pareil au flambeau
Tant que je te caresse, je n'accomplis ni jeûne ni prière
Tant que je suis avec toi, ma faute est une prière
Tant que je suis sans toi, ma prière est une faute.

Tu es le vent, et je suis la feuille : que peux-tu faire, sauf m'agiter ?
Cette tâche que je te donne, si tu ne l'accomplis pas, que peux-tu faire ?
Quand j'ai frappé la pierre, j'ai cassé ton amphore
Si tu ne vaux pas cent joyaux et cent mers, que peux-tu faire ?

Qui a vu quelque chose qui en réalité existe, mais ne se manifeste pas ?
Qui a vu ce qui se manifeste dans le cœur, mais n'est pas sur les lèvres ?
Qui a vu celui qui est la réalité du monde, mais ne se trouve pas
[dans le monde ?
Qui a vu dans l'existence et la non-existence une telle non-existence ?

*

O mon cœur, qui a vu pendant la nuit l'influence de l'aube?
Qui a vu un amoureux fidèle à la bonne renommée?
Tu cries sans cesse : « Je me suis brûlé ! »
Ne crie pas : qui a vu un brûlé qui soit sans expérience?

Chaque chose qui existe vient de la Cause première
Toutes les formes sont manifestées par la Matière première
Chaque partie vient de la totalité, mais ce n'est pas nécessité
Car là-bas toute la totalité a la possibilité d'être une partie.

Ton image qui passait est devenue l'invitée de mes yeux
Elle choisit mes yeux pour patrie, à cause de sa noble origine
Mes yeux sont devenus l'échanson de son image, et ils dirent :
« Nous t'invitons à boire de l'eau, bois-en autant que tu veux ! »

O toi qui es un exemplaire du Livre divin,
Toi qui es le miroir de la beauté royale
Rien n'existe dans le monde en dehors de toi
Cherche en toi-même ce que tu veux : c'est toi.

Si je cherche mon cœur, je le trouve dans ton quartier
Si je cherche mon âme, je la trouve dans tes cheveux
Lorsque assoiffé je bois de l'eau
Dans l'eau je vois l'image de ton visage.

Ne pense pas que je ne te voie guère
Sans lasser mes yeux, je te vois sans cesse
Nul ne peut imaginer, nul ne peut qualifier
La joie que je trouve dans mon chagrin pour toi.

Je vois mes allées et venues dans ton quartier
Je vois le désir de mon cœur et de mes yeux vers toi
Supposons que j'aie commis toutes les mauvaises actions du monde :
N'est-ce pas en ton visage que je vois tous les mondes?

Je Le vois tellement en toutes mes actions
Sans mes yeux, je Le vois parfaitement
Pourquoi devrais-je donc fatiguer mes yeux
Maintenant que je vois le monde par Ses yeux?

Dans chaque firmament, je vois la prunelle d'un œil
Dans chaque prunelle, je vois un roi
O toi qui vois double, si tu vois l'un comme deux
Contrairement à toi je vois tous les deux un.

Ne pense pas que je voie la dualité
Chaque instant, je perçois d'une nouvelle façon la levée du voile
Mon âme et mon cœur, je le sais, sont toi tous deux
Mes yeux et ma tête, je le sais, sont toi tous deux.

Je ne suis pas moi-même; si un instant je suis moi
Je bouleverserai ce monde comme s'il était un atome
Si je suis celui que Lui n'aime pas,
Je m'arracherai moi-même de la terre comme un arbre.

Tu es dans mes yeux, sinon comment verrais-je?
Tu es dans mon esprit, sinon comment aimerais-je?
Là où se trouve ce lieu que j'ignore
S'il n'y avait ton amour, comment serais-je là?

En marchant avec mon Bien-Aimé, je suis passé par une roseraie
J'ai regardé les fleurs, par ignorance.
Mon Bien-Aimé m'a dit : « Honte à toi !
Mon visage est ici, et tu regardes les fleurs ! »

Je suis cette âme qui possède cent mille corps
Puisque tous sont moi-même, je ne puis parler d'autre que moi
Comme la vague, je suis apparu par mon propre corps
Regarde bien : mon origine est la même chose que mon corps.

Je suis cette âme unique qui possède cent mille corps
Quelle âme et quel corps ? Tous les deux sont moi-même
Je me suis, par artifice, transformé en un autre
Afin que soit plus beau cet autre qui est moi-même.

Je suis cette âme unique qui possède cent mille corps
Mais que faire ? J'ai la bouche scellée
J'ai vu une foule d'hommes : tous n'étaient que moi-même
Mais parmi eux je n'ai pas trouvé celui-là même que je suis.

Il n'existe dans les mondes nul autre que le Seigneur du monde
Ni au-dessus ni au-dessous, ni manifeste ni caché
Chaque flèche tirée provient de cet arc puissant,
Chaque finesse existante provient de cet orateur éloquent.

Puisque ton visage est pour moi la *Qibla*, ô mon âme et mon univers
J'ai oublié la *Ka'ba* et j'ai perdu la *Qibla*
Sans Ton visage, on ne peut se tourner vers la *Qibla*,
Car cette *Qibla*-ci est celle des corps, et cette *Qibla*-là, celle des âmes.

Dans la voie de l'unité, il n'y a pas de différence entre prière et péché
Dans le quartier de la taverne, roi et derviche sont une même chose
Que le visage du *qalandar* soit brillant ou sombre
Sur les créneaux du ciel, le soleil et la lune sont une même chose.

IX

Le chant du monde

Aujourd'hui, comme tous les jours, nous sommes détruits, détruits
N'ouvre pas la porte à la pensée, saisis le *rebab.*
Il y a cent sortes de prières, d'inclinations et de prosternations
Pour celui dont la beauté de l'Ami est le *mihrab.*

Ce soir, comme moi, des milliers de soufis sont cachés
Telle l'âme, tous sont à la fois cachés et manifestes
O ménestrel mystique ! Ne manque pas à ton devoir !
Afin de pouvoir comprendre cet état spirituel, tout en dansant.

Combien de temps, comme le *daf*, dois-je supporter les coups de ta
[tyrannie ?
Ou, comme le *rebab*, subir la blessure du chagrin que tu me donnes ?
Tu as dit : « Je te caresserai, comme le luth, dans mes bras. »
Je ne suis pas comme le pipeau, pour supporter ton souffle.

Hier, tes yeux jetaient leurs sortilèges
Ton visage s'est élevé jusqu'au dôme céleste
Jusqu'à ce que le soleil soit dans l'ombre de tes cheveux
L'âme, comme l'atome, tourbillonne.

A neuf pas de toi, il est une fontaine de jouvence
Tourne donc comme la roue tant que ta lune tourne
Tu as une âme qui te fait tourner autour du saint;
Cette âme en train de tourner, c'est une autre âme qui fait qu'elle
[tourne.

Tu deviendrais le soleil, si tu tournais autour du soleil
Tu deviendrais un homme véritable, si tu tournais autour des sages
Tu deviendrais un rubis, si tu tournais autour de cette mine
Tu deviendrais un trésor, si tu tournais autour du Bien-Aimé.

O fortune, te souviens-tu du trône royal?
Te souviens-tu de ce roi sans égal?
O tente dont les pans sont en train de danser,
Te souviens-tu de ce vent et de ce trouble?

Cet atome qui n'a voulu être intime qu'avec le soleil
A obtenu la plénitude du présent, il n'est pas devenu le jouet d'un
[vain espoir.
Dans quel esprit ton amour est-il tombé que, si vite,
Ton souffle l'ait fait danser comme la branche du saule?

Chaque cœur détruit par ses lèvres
Comment marcherait-il au bord du ruisseau dans le jardin du printemps?
Dans les branches des arbres tourne le vent
Jusqu'à ce que sans cesse les branches se prosternent.

Cette saison n'est pas le printemps, c'est une autre saison
La langueur des yeux de chacun provient d'une autre union
Bien que toutes les branches des arbres soient en train de danser,
Cependant, chaque branche se meut pour une autre raison.

O Toi ! Le rubis de tes lèvres est une mine de sucre
Dans tes yeux brille la lumière incréée
Tourne la lune et tournent les feuillages
Mais il est une différence dans leur façon de tourner.

Le *sama'* est un chemin et une porte vers le ciel
O *sama'* qui es ailes et plumes de l'oiseau de l'âme !
Mais le *sama'* avec toi est autre chose
Comme la prière derrière le Prophète.

Les cœurs sont devenus troublés par le *sama'*
Ils sont bouleversés comme le nuage du printemps
O Vénus secrète, ouvre les mains de la miséricorde
Car ce ménestrel, ces mains et ce *daf* ont commencé leur œuvre.

A cause de ton amour, je suis devenu l'orgue du monde
Par ton jeu, mes états d'âme sont dévoilés
Toutes formes sont devenues pareilles au luth
A chaque mélodie que tu joues, je gémis.

Dans le monde entier on cultive la graine de la fidélité
Cette graine, elle est apportée de notre meule
En tous lieux, la joie fait saisir le *ney*[1] et le *daf*
Ils pensent que c'est leur propre joie : en vérité, c'est la nôtre.

Dans chacune de mes fibres se trouve mon Bien-Aimé
Dans chaque parcelle de mon être parle mon Bien-Aimé
Je suis pareil au *tcheng*[2] qui se tient contre le Bien-Aimé
Ma plainte est causée par les doigts de mon Bien-Aimé.

J'ai dit au *ney* : « Qui t'a causé cette douleur ?
Sans nul tort, pourquoi ces cris et ces gémissements ? »
Le *ney* répondit : « On m'a séparé des lèvres douces
Sans cris et sans lamentations, je ne puis vivre. »

O toi dont le corps est plus subtil que l'âme et le cœur,
Il est un long chemin entre le sucre et tes lèvres
Il y a longtemps que tournent le soleil et la lune
Jour et nuit, dans le désir de passer une nuit avec toi.

O échanson de l'amour, entends cette voix
C'est la lyre prééternelle, continue à jouer
O faucon, tu as entendu le tambourin du Roi :
Il t'appelle, retourne vite à Lui.

1. Pipeau.
2. Harpe.

J'ai dit : « Mon cœur est un instrument et un confident pour moi
Et comme le *rebab* mon cœur chante avec moi. »
Mon cœur était l'ami d'un autre,
Et moi je disais : « Peut-être est-il mon confident. »

Tout ménestrel qui n'a pas lu le livre du cœur,
Ne l'accepte pas comme véritable ménestrel.
Si les vers et les poèmes t'ont dérobé leur visage
Si tu veux lire, lis sur notre visage.

O toi dont la lune m'attire jusqu'au firmament !
Ton eau qui coule m'a fait tourner comme la roue
Tant que le ruisseau a coulé, tant que la roue a tourné,
Tant de tulipes ont souri, tant de tulipes ont surgi.

Tous les atomes, dans l'air et le désert,
Sache-le bien, sont tels des insensés
Chaque atome, heureux ou misérable,
Est épris du Soleil sans qualifications.

O toi qui m'as rendu éveillé comme ton amour,
O toi chandelle ardente au sein de ce monde de ténèbres,
Je suis un luth et tu ne cesses de jouer sur mes cordes,
Puis tu dis : « Cela suffit, combien de temps gémiras-tu ? »

J'entends la chanson du rossignol enivré
J'entends un *sama'* merveilleux dans le vent
Dans l'eau, je ne vois que l'image du Bien-Aimé,
Et dans les fleurs je ne sens que son parfum.

Si tu es la mer, je suis le poisson
Si tu es le désert, je suis ta gazelle
Remplis-moi de ton souffle, je dépends de ton souffle
Je suis ton hautbois, ton hautbois, ton hautbois.

Sans toi, si je cultive des fleurs, elles seront des épines
Si je prends un œuf de paon, il en sortira un serpent
Si je touche un *rebab*, ses cordes seront brisées
Si je joue la mélodie du Paradis, elle ne sera plus rien.

Ton accueil ne se limite pas à deux ou trois jours
Ta table est remplie de tout ce qui existe
Si quelqu'un n'est pas satisfait, il est libre, il est libre :
Autour de la chandelle, le phalène tourne toujours.

O ma lune, tu es venue et devenue brillante,
Tu t'es mise à tourner autour de ton firmament
Quant tu as su que tu étais devenue pareille à l'âme,
Soudain, tu es descendue et tu t'es cachée.

Les cœurs sont comme le *rebab* et ton amour comme l'archet
Par l'allée et venue de cet archet, les cœurs gémissent
Le jeu de l'archet provient d'un cheveu
Si la pensée devient tel un cheveu, elle ne peut rester entre eux.

Oh ! combien sont absents de notre *sama'*
D'entre les soufis, les mystiques, les savants !
Ils sont à la fois proches et lointains, comme le cœur errant :
Qui est plus libre que le cœur sans attachement à un lieu ?

O tulipe, approche, et apprends de mon visage la couleur
O Zohra, viens, et apprends de mon cœur à jouer du luth[1]
Et de ce moment où commence à chanter la plainte de l'union
O félicité éternelle, viens et apprends le chant.

Quand je prends le pipeau, c'est pour toi que je joue
Quand je marche, c'est dans ton quartier que je passe
De toi j'ai reçu tant de libéralités, tant de grâces
Dans les deux mondes, comment pourrais-je te retirer mon cœur?

O jour, lève-toi, les atomes dansent,
Les âmes, de joie, sans tête ni pieds, dansent.
Celui pour qui le firmament et l'atmosphère dansent,
A l'oreille, je te dirai où l'entraîne la danse.

Le jour où cette image qui ravit le cœur danse.
Que peut faire une âme? Alors que cent mondes dansent,
A chaque mélodie qu'on joue dans la demeure du cœur,
Le pauvre corps misérable aussi danse.

Que ta voix soit accordée au diapason de notre cœur,
Qu'elle soit, jour et nuit, éloquente et joyeuse.
Si ta voix est lasse, nous aussi, serons las.
Que ta voix soit pareille à la flûte aux suaves mélodies.

1. Cf. note p. 176.

O toi pareil à la lune ! A l'instar de la lune, ne dors pas en une telle nuit
Comme la roue céleste qui tourne, tourne, et ne dort pas
Notre éveil est le flambeau qui illumine le monde
Une seule nuit, tiens à la main ce flambeau ; ne dors pas !

O son du *rebab*, d'où viens-tu donc ?
Plein de feu, plein de désordre et plein de trouble !
Tu es l'espoir du cœur et le messager de ce désert
Tout ce que tu enseignes, ce sont les secrets du cœur.

Aujourd'hui, ton *sama'* est plein de charme et d'attrait,
Plein de plaisir, de joie et d'animation
A présent, mon cœur a laissé sa vieille ceinture
Tes applaudissements et le son du *daf* l'ont rempli de confusion.

Celui que je cherche avec des larmes dans les yeux,
Que je cherche en pleurant comme un ruisseau
Est venu à l'aube, aujourd'hui, m'appeler au *sama'*
Sans m'autoriser à me laver les mains pour la prière.

Le *daf* dit : « Frappe-moi sur ma face,
Plus tu me frapperas, plus je te dirai de nouvelles histoires
Je suis amoureux et, comme les amoureux, aimable
Si tu me frappes, si tu me blesses, je te parlerai ainsi. »

Attention, voici le temps de boire, apporte du vin pur
Il y a la mort dans la vie, réveille-toi !
Écoute le gémissement de ce *rebab*
Ou sois attentif à ce cœur brûlé et plein de peine.

Éveille-toi, ô mon cœur ! Le Bien-Aimé est très éveillé
Le Bien-Aimé écoute derrière le voile
Nous sommes comme le *ney* : chaque cri que nous poussons
Ne vient pas de nous, mais du Bien-Aimé.

O toi qui blesses mon cœur comme en jouant sur le *rebab*
Entends par cette plainte la réponse de mon cœur
Dans chaque ruine est caché un autre trésor :
La ruine de mon cœur recèle le trésor de l'amour.

O toi dont la plainte amoureuse est le *rebab* de mon cœur,
O plainte devenue toute la réponse de mon cœur,
Ce bonheur stable que tu réclamais
Tu peux le trouver, mais dans la ruine de mon cœur.

Depuis que nous avons connu la mélodie de l'amour
La joie nous a fait renoncer au voile
Avec le ménestrel de l'amour, nous avons joué du luth
Et, comme le *daf* et le *ney,* nous avons joué de compagnie.

Cette saison n'est pas le printemps, c'est une autre saison
La langueur des yeux de chacun provient d'une autre union
Bien que toutes les branches des arbres soient en train de danser,
Cependant, chaque branche se meut pour une autre raison.

Écoutez le ménestrel conter le secret du cœur des amoureux
Allez avec des gémissements autour des cœurs
Qu'a-t-il dit sous le voile ? Si vous voulez être son disciple
Ne sortez pas de derrière le voile.

Dans cette assemblée, il y a du vin, du vin, sans coupe
Dans ce sein, il y a des brûlures, des brûlures, sans fumée
La plainte du *rebab* de l'amour provient de Son plectre
Prends garde, ne dis pas que c'est ce *rebab*-ci, ce *rebab*-ci.

Comme le luth, je te serre dans mes bras
Selon le mode de l'amoureux, je chante des mélodies
Si tu veux avec une pierre frapper le miroir,
Me voici près de toi. Si tu le veux, je suis prêt pour la pierre.

A chaque aube, tu dresses ta tente au bord de l'eau
Tu fais cent peintures sur la roseraie parfumée
Comme le *daf*, en cet instant, notre cœur commence le *sama'*
Quand tu frappes son visage, mille fois à chaque instant.

Ce son mélodieux vient de mon ciel
Ce parfum suave vient de ma roseraie
Cette chose qui est dans mon cœur et dans mon âme
Où pourrait-elle aller? Elle est mienne.

De ton visage, mon visage a reçu la beauté
De ton visage, mes yeux ont une belle image
A cause de toi, mon cœur a une eau pure :
Aujourd'hui, notre *sama'* est parfait.

Ta plénitude m'a enseigné l'amour
Ta beauté m'a enseigné les vers et les *ghazals*
Ton image danse sur le voile de mon cœur
Ton image aussi m'a appris à danser.

Le *ney* a été coupé par le maître dans l'oseraie
Il l'a percé de neuf ouvertures et l'a appelé Adam
O *ney*! C'est par cette lèvre que tu es venu au cri :
Vois cette lèvre qui donna à tes lèvres le souffle.

Combien de temps dois-je tourner sans but, comme une poussière?
Parfois sur les montagnes, parfois dans les cavernes
Combien de temps, comme l'enfant, dois-je me tourner vers une [image?
Combien de temps dois-je tourner autour du Bien-Aimé?

Sais-tu ce que dit la voix du *rebab*?
« Suis-moi et apprends quel est le chemin
Car c'est par l'erreur que tu trouveras la voie droite,
Et par la question l'accès à la réponse. »

Lève-toi, car le *sama'* des âmes maintenant a commencé.
Le *daf* suave est devenu le compagnon du *ney*
La passion ancienne est devenue feu ardent :
Pourquoi te taire? A présent, il y a tant de cris!

Depuis que j'ai connu l'eau et le feu de l'amour,
Dans la flamme du cœur je me suis liquéfié comme l'eau.
Comme le *rebab*, j'ai accordé mon cœur
Avec le plectre du mal d'amour je me suis mis à l'unisson.

Quand le luth se met à chanter
Le cœur hors de lui-même brise ses chaînes
Car en secret, la voix de quelqu'un dans ses cordes
Lui dit : « O toi, blessé, égaré, viens! »

Le Bien-Aimé brille comme le soleil,
L'amoureux tourne comme un atome
Quand souffle la brise du printemps de l'amour
Toute branche qui n'est pas sèche se met à danser.

Tant que la face du soleil brille,
Le soufi danse comme l'atome
On dit que c'est Satan qui l'induit en erreur :
Ce Satan est subtil, et c'est la vie de l'âme !

Quelqu'un aujourd'hui danse dans cette maison
Tout ce qui est parfait est imparfait auprès de lui
Si dans ton corps se trouve une seule fibre incroyante
Cette lune brille dans ton incroyance même.

Ce tournoiement, je l'ai dérobé à mon âme
Avant le corps, mon âme a tourné de la même façon
On me dit : « Mieux valent la patience et la tranquillité. »
Cette patience et cette tranquillité, je vous les offre en cadeau !

O son du *rebab*, de toi pour moi provient la fièvre
Moi aussi, j'ai un *rebab* à l'intérieur de mon cœur
Ne t'en va pas, reste, assieds-toi avec nous une heure
Sois notre hôte : je te donnerai un coin de mon cœur en ruine.

Ne reste pas oisif, entre, hâte-toi
L'oisiveté conduit le corps vers la nourriture ou le sommeil
La voix du *rebab* arrive de chez les gens du *sama'* :
« Viens sauver toutes ces âmes endormies. »

O toi arrivé trop tard chez le maître d'école,
Si les enfants se hâtent, toi, ne te hâte pas.
Et si les autres sont épuisés, las,
Toi, tu ne l'es pas : saisis lestement ton *rebab.*

La pensée et le chagrin n'ont ni existence ni ardeur
Là où se trouvent le vin, les mets, le *rebab.*
O compagnons ! Goûtez au plaisir éternel
Comme la verdure et les fleurs, posez vos lèvres au bord de l'eau.

Par ton amour, je vais la tête haute
Par ton désir, je marche sans cesse
On me dit : « Autour de Lui tu tournes. »
Ignorants ! Je tourne autour de moi-même.

Je suis du raisin, et suis foulé aux pieds
Je tourne là où l'amour m'attire
Tu m'as dit : « Pourquoi tournes-tu autour de moi ? »
Ce n'est pas autour de toi que je tourne, mais autour de moi-même.

Je dis : « Viens, le *sama'* est commencé. »
Il répondit : « Allons, cet esclave est malade. »
J'ai dit : « Si tu étais mort, tu deviendrais vivant,
Car le Jésus de l'univers a commencé son œuvre. »

O échanson de l'âme, qu'est-il arrivé à notre ménestrel ?
Pourquoi ne joue-t-il pas de mélodie, qui l'a égaré ?
Il sait que dans l'amour, il y a joie et douleur :
Pour la joie et douleur d'amour, le ménestrel est un secours.

Le désir pour toi a rendu mon cœur pareil au *rebab*,
La brûlure pour toi a consumé chaque parcelle de mon être
Si le Bien-Aimé reste silencieux devant notre douleur,
Ce silence recèle deux cents réponses.

C'est de la voix d'Israfil que vient celle du *rebab*
Pour rafraîchir et ressusciter le cœur consumé
Tous ces désirs submergés et anéantis
Sont remontés, comme des poissons, du fond de la mer.

Cette paix de mon âme tourne autour de mon cœur
Elle tourne autour de mon âme et de mon cœur confus
Hors de cette argile, je lève la tête comme un arbre, et souris
Afin que l'Eau de la vie tourne autour de mes fleurs.

Chaque bouchée qui tourne dans ma bouche
Est assimilée, sa substance devient la vie
C'est pour cela que tournent le firmament, le soleil et la lune :
Que ce qui est secret devienne manifeste.

Quelque chose, en cet instant, tourne dans ma tête
Le cœur est comme un oiseau qui vole dans les airs
Chaque parcelle de mon corps, séparée, tourne
Peut-être que le Bien-Aimé tourne avec fidélité.

Ce mystère qui tourne dans notre poitrine
Son tour fait tourner le monde comme un vieillard courbé
Il ne peut distinguer sa tête de ses pieds
Sur sa tête et ses pieds il tourne, sans tête et sans pieds.

Il tourne cette nuit avec tant de grâce et d'harmonie,
Il est si aimable que nul ne peut le comprendre.
Dans les fleurs et dans le blé où paissent les esprits
Il contemple le rêve et regarde face à face.

Pendant le mois de Ramadan, ta poussière devient de l'or
Comme une pierre devenue kohl, elle devient vision,
Cette bouchée que tu mangeas est devenue impure
Mais la patience que tu avais est devenue regard.

Pourquoi le son du tambour de basque est-il nécessaire dans le
[*sama'*?
Ce que célèbre le tambour de basque, c'est la violence et la blessure
Le tambour de basque déclare : « Qui est le vainqueur ?
Celui pour le cœur de qui cette blessure est un aliment. »

Qu'est-ce qui confère au *sama'* sa noblesse ?
Pourquoi, s'il n'existe pas, est-ce perte de temps ?
Il vient et s'en va en secret, afin que l'on sache
Que ce goût du *sama'*, ne vient pas du *ney* ni du tambour.

X

La mort physique - la mort mystique

Le derviche qui tente de briser son moi charnel
Ne crois pas qu'il se fasse des imaginations
Là où il demeure avec une croyance pure
Ce lieu est meilleur que toute la Création

Tu n'es pas devenu incroyant : que cherches-tu dans l'histoire de la
[croyance?
Tu n'es pas devenu sans âme : que cherches-tu dans l'histoire du
[Bien-Aimé?
Tu es encore occupé aux cris de l'âme charnelle
A quoi bon chercher pour toi le mystère du Roi?

Dans la mort, il y a la vie éternelle pour ceux qui sont justes et croyants
Si l'âme est pure, elle accepte la mort
Cette mort n'est ni châtiment ni injustice, mais une apparence :
Avant de mourir, il était en train de mourir, c'est cela sa douleur.

Un cavalier mystérieux est passé, un nuage de poussière s'est levé.
Il est parti, mais le nuage de poussière est resté.
Regarde droit devant toi, pas à gauche ni à droite :
Sa poussière est ici : l'homme est dans la demeure de l'éternité.

Quand je mourrai, emmenez-moi
Confiez mon corps à mon Bien-Aimé.
S'il baise mes lèvres desséchées
Et que je ressuscite, ne vous étonnez pas.

Quand le talisman du corps humain est devenu vivant
Au limon était mélangée l'essence pure
Quand le destin brise ce talisman du corps,
La poussière va à la poussière, et la pureté à ce qui est pur.

Tant que demeure en toi quelque chose de ton existence
Ne sois pas en repos, car l'idolâtrie demeure
Supposons que tu aies brisé les idoles de ton esprit :
Cette idole dont tu as cru ton esprit libéré pourtant demeure.

Si le lot de l'amoureux c'est la mort et le *fanâ*[1],
Si dans le chemin de l'amour gisent des morts,
C'est donc un mensonge de dire que l'amour
C'est boire l'eau de la source de vie.

Écoute, s'il t'est possible d'écouter :
Arriver à Lui, c'est se quitter soi-même.
Silence : là-bas, c'est le monde de la vision
Pour eux, la parole n'est que regard.

1. Annihilation mystique.

Sans Toi, la vie est illicite, ô mon âme.
Sans Toi, qu'est-ce que la vie, ô mon âme?
Je fais le serment que la vie sans Toi
Est la mort, nommée vie, ô mon âme.

J'ai tellement parcouru le cœur, sans âme,
Là où n'étaient ni moi, ni l'être, ni le lieu,
Jusqu'à ce que j'aie perdu et moi et le temps
Comme si n'existaient avec moi ni celui-ci ni celui-là.

Parfois, je me disais : « Je suis mon propre émir. »
Parfois, je m'écriais : « Je suis mon propre prisonnier. »
Cela est passé, désormais je ne choisirai plus :
Ce que j'ai choisi, c'est de ne pas me choisir moi-même.

Tu es tellement uni à cette vie périssable
Qu'il n'est pas possible de te parler du trépas
L'âme désire la demeure, et la demeure est la mort,
Mais la monture de ton corps dort au milieu du chemin.

L'enfance est partie, la jeunesse est finie pour l'adolescent,
La vieillesse est venue : envole-toi hors du monde.
Chaque invité dispose de trois jours,
O hodja[1]! Trois jours sont passés, emmène ton âne.

1. Titre donné à un notable, équivalent de « Messire ».

J'étais vieux dans le *fana*, Tu m'as rendu jeune
J'étais mort, Tu m'as rendu vivant
J'avais peur de m'être perdu dans Ton chemin
Maintenant, je ne suis plus perdu, car Tu m'as fait signe.

Si tu es avec tout le monde, quand tu es sans moi, tu es sans tout le [monde
Si tu es sans tout le monde, quand tu es avec moi, tu es avec tout le [monde.
Ne t'attache pas à tout le monde, sois toi-même tout le monde
Si tu t'attaches un instant, tu deviendras un jouet.

Si je commets tous les péchés, tu me suffis comme mérite
Comme but de cette malheureuse vie, toi seul me suffis
Je sais bien comment sera mon départ
On dira : « Qu'as-tu fait ? » Tu me suffis comme réponse.

Si tu obéis à tes passions et tes désirs,
Sache-le, tu mourras misérable
Si tu renonces à tout cela, tu verras clairement
Pourquoi tu es venu, et où tu t'en vas.

Toute âme qui a goûté au philtre de ta passion
Eau de la vie ! a trop bu de ce breuvage
La Mort est venue, elle a senti mon odeur et la tienne :
Depuis ce jour, la Mort a perdu l'espoir de me tuer.

Je suis l'incroyance et la piété, la pureté et la douleur,
Je suis vieux, je suis jeune, et enfant et bébé
Si je meurs ne dis pas : « Il est mort. »
J'étais mort, je suis devenu vivant, mon Bien-Aimé m'emporte.

Quand il passe près de nous, il regarde la poussière
Afin que le visage de la lune soit jalouse de cette poussière
N'est-il pas bien que nous soyons poussière devant lui?
Peut-être de cette façon passera-t-il près de nous.

A moi qui tant me réjouis de l'anéantissement
Vous me conseillez d'être humble
Le jour où me tuera le glaive de l'anéantissement
Qui pleurera sur moi? De lui je me ris.

Je suis allé sur la tombe du Bien-Aimé
Son corps dans la boue brillait comme une roseraie
J'ai dit à la terre : « O terre, prends garde,
Sois tendre avec notre fidèle ami. »

Bien que vous soyez tous captifs dans le voile
Sortez de ce voile, vous êtes tous des princes
Cette Eau de la vie dit à tous les êtres :
« Mourez tous au bord de notre ruisseau. »

Par l'amour de Dieu, tu ne peux être perdant
Comment peux-tu être sans âme, car tu deviendras l'Ame
D'abord, tu es venu du ciel sur la terre
A la fin tu partiras de la terre vers le ciel.

Avant de devenir poussière sous les pieds d'un maître
Tu ne peux être le chef de l'armée des âmes
Avant d'être libéré de « moi » et de « nous »,
Tu ne peux être l'ami et l'intime de ces anges.

Dans la mer de la fidélité, je me dissous comme le sel
Il ne reste ni impiété ni foi, ni certitude ni doute
Dans mon cœur brille une étoile
Et dans cette étoile-là sont cachés les sept cieux.

Quand je mettrai mes pieds dans la main de la Mort
Dans la contrée du néant, je ferai un grand tumulte
Le néant sera étonné, car en nul endroit
Dans les deux mondes n'existe un amant tel que moi.

Puisse durer cent ans la vie de cette Bien-Aimée
Mon cœur sert de carquois aux flèches aiguës de la séparation
Dans la poussière de son seuil, mon cœur est mort joyeux
O Seigneur ! Qui a prié : « Puisse sa poussière être radieuse ? »

O toi qui es mort dans le désir de résoudre les problèmes.
Qui es né dans l'union et mort dans la séparation
O toi qui t'es endormi assoiffé au bord de la mer
O toi qui sur un trésor es mort de misère !

Chaque cœur qui ne va pas vers une Bien-Aimée
Par Dieu ! s'en va vers le *fana*
Heureuse cette colombe qui est la proie de l'amour
Tu as beau la chasser, elle ne s'en va pas.

Tu n'es rien, et ton rien est meilleur que l'existence
Tu es noyé dans la perte, mais ta perte est un profit
Tu dis : « Je n'ai dans la main qu'un peu de poussière. »
O toi de la poussière de qui le firmament est jaloux !

C'est nous qui avons trouvé le remède pour l'amour
A chaque instant, nous offrons notre vie à l'amour
Quand chacun des instants de ma vie va vers l'amour,
L'amour peut trouver sa vie dans chacun de mes instants.

Crains, au Jour de la Résurrection qui détruira le monde,
Crains la flèche de la vengeance qui perce le cœur
O toi qui dans la nuit de l'avidité es endormi dans un long sommeil
L'aube de la mort a commencé, crains le jour.

L'Amour dit : « Celui qui sacrifie sa vie
Obtient en échange cent et mille vies. »
Voilà ce que l'Amour te dit à l'oreille
Pour te tirer par l'oreille, tout près de lui.

Je viens de cette âme qui est l'origine de toutes les âmes
Je suis de cette ville qui est la ville de ceux qui sont sans ville
Le chemin de cette ville n'a pas de fin
Va, perds tout ce que tu as, c'est cela qui est le tout.

Le temps abrégera cette vie tumultueuse
Le loup de l'anéantissement mettra en pièces ce troupeau
Dans l'esprit de chaque homme règne l'orgueil; pourtant
Les coups de la mort feront baisser les têtes orgueilleuses.

Ne pense pas que le temps m'a tué :
C'est la source de l'Eau de la vie qui m'a tué
Ce n'est pas étonnant qu'un ennemi vous tue;
Ce qui m'étonne, c'est que l'âme de mon âme m'ait tué.

Ton amour a tué le Turc et l'Arabe
Je suis le serviteur et de ce martyr et de ce guerrier
Ton amour disait : « Nul ne m'échappera sain et sauf. »
Dieu a dit : « O Bien-Aimé, renonce à ce jeu. »

Je me hâte à la recherche de mon Bien-Aimé
Ma vie touche à sa fin, et je suis endormi.
Si même je pouvais obtenir d'être uni à mon Bien-Aimé,
Cette vie écoulée, où donc la retrouverais-je?

Quelque temps, dans notre enfance, nous sommes allés à l'école
Quelque temps, nous nous sommes contentés de voir nos amis
Écoute la fin de notre histoire : que nous est-il arrivé?
Nous sommes apparus comme le nuage, nous avons disparu comme [le vent.

Nous avons placé notre confiance en Dieu seul, et nous sommes partis
Nous avons renoncé à l'amour des deux mondes, et nous sommes partis
L'âme était dans la cage, mais la cage était lasse
Aussi, nous avons brisé la cage et nous sommes partis.

Tant que notre cœur et notre âme sont enchaînés par tes tresses
Comme ta chevelure, nous sommes tantôt unis, tantôt dispersés
Les esprits se prosternent devant toi, disant :
« Quand nous sommes devenus morts devant toi, nous sommes [devenus vivants. »

Nous sommes prêts à quitter l'existence pour le néant
Nous nous moquons de l'existence et du néant
En nous jouant, nous avons brisé nos cordes
Jusqu'à ce que nous ayons détruit la tente de la patience, hors du [firmament.

O mon cœur, on ne trouve pas cette voie par la dialectique
Ce n'est qu'au seuil de l'anéantissement que l'on donne l'union
Dans cet air où sont ses oiseaux
Tant que tu auras des plumes et des ailes, on ne te donnera ni ailes [ni plumes.

Renonce à ta vie : on ne donne pas l'union pour des paroles
On ne donne pas de lait dans la coupe de la Loi à ceux qui sont ivres
En ce lieu où les hommes parfaits ont bu ensemble
Ceux qui pensent à eux-mêmes ne reçoivent pas une seule gorgée.

Tant que tu auras un « moi », on ne te laissera pas entrer
Quand tu seras annihilé, on te gardera comme la prunelle des yeux
Lorsque tu seras purifié des deux mondes
On mettra sur toi l'empreinte du détachement.

Longtemps, par le désir, le cœur s'est mis en quête
Afin d'être le compagnon de l'esprit adorable
Enfin, il est allé sacrifier complètement sa vie.
Rends-moi justice : mon cœur était sincère et fidèle.

Si un moment ton *nafs* est condamné
La science de tous les prophètes sera claire pour toi
Ce visage mystérieux que le monde recherche
Se reflétera dans le miroir de ta connaissance.

Il n'est pas possible que mon cœur quitte ton beau visage
Ni qu'il renonce à tes bienfaits innombrables
Si sur ma tombe pousse une épine,
Cette épine même sera remplie d'amour pour toi.

Le soleil, comme un esclave, mourra devant toi
Et cette lune au cœur las mourra devant toi
Ce cyprès et cette fleur qui s'est levée mourront, eux aussi,
Celui qui a perdu son cœur meurt toujours devant toi.

Le jour où mon âme montera au ciel
Les parcelles de mon corps seront dispersées
Sur ma poussière, écris du doigt : « Lève-toi »,
Afin que je me dresse hors du tombeau et que mon corps ressuscite.

Mansour al-Hallâdj qui disait «*Ana'l-Haqq*»
Balayant de ses cils la poussière du chemin
S'est noyé dans la ténèbre de la non-existence :
Et puis il a percé la perle de *Ana'l-Haqq*.

Si tu avances sur le chemin, on t'ouvrira la route
Si tu es annihilé, on te rendra l'existence
Si tu t'abaisses, tu deviendras plus grand que le monde
Ensuite, on te montrera à toi-même, sans toi.

Vivre sans toi est illicite *(haram)*
Quelle vie d'ailleurs peut-on avoir sans toi?
Sans ton beau visage, être vivant, ô mon âme!
C'est la mort que l'on appelle vie.

Tu as posé ton turban, tu ne l'as pas donné au ménestrel
Donne ton turban, libère-toi de la vanité,
Renonce à porter un turban
En échange, tu recevras la couronne royale.

Le torrent a entouré les ruines de la vie
Et la coupe de la vie a commencé à se remplir
Réjouis-toi, car dans un bref instant
Le porteur du temps emportera de cette maison le bagage de la vie.

La nuit, comme le cœur des amoureux, était pleine de ténèbres
Aux yeux, le mal et le bien du monde sont cachés
A mon cœur déchiré, comme pour un voyage secret,
Il est révélé par des signes que le moment du départ est arrivé.

L'âme s'en va partir vers le monde du Roi
Hors du comment et du pourquoi, elle obtiendra un cœur dénué de doute
Ce mystère qui était jusqu'aujourd'hui caché
Est révélé d'au-delà de mille voiles.

Considère dans le firmament le bruit que font les vies
Passe dans le domaine de la non-existence, et vois les existants
Renonce aux deux mondes, fais un pas
Dans le détachement, et vois la gloire des élus.

Que les hommes sont étranges ! L'âme les tue
Il est étrange que l'Eau de la vie les tue
S'ils parlent clairement, les gens les tuent
Et s'ils cachent l'amour, c'est lui qui les tue.

Qui a dit que ce vivant éternel est mort ?
Qui a dit que le soleil de l'espoir est mort ?
Cet ennemi du soleil est monté sur la terrasse
Il a fermé les deux yeux et dit : « Le soleil est mort. »

Comment le cœur pourrait-il s'attacher à l'amour du monde ?
Que peut-il contempler d'autre que le véritable amour ?
Je n'aurai que haine pour mes propres yeux si le jour de ma mort
Ils renoncent à l'amour pour regarder cette vie.

Je peux renoncer au désir de toutes choses
Sauf à celui qui est l'âme de mon âme
Celui qui renonce à quelqu'un, c'est pour toi qu'il y renonce
Qui peut, pour un instant, renoncer à toi ? Comment serait-ce possible ?

Qui a dit : « Celui qui cause l'amour est mort ? »
Que Gabriel, l'Esprit loyal, a été tué par un poignard?
Celui qui, comme Iblis, est mort dans la révolte
Seul pensera que Shams de Tabriz[1] est mort.

Ne permets pas au chagrin de t'étreindre dans ses bras
Ni que les tentations de ce monde t'embrassent
Va, bois nuit et jour le sorbet de l'amour
Avant que, d'ordre de Dieu, ta bouche soit fermée par la mort.

Pour nous, renonce à ta vie, si tu es un homme véritable
Sinon, va-t'en, nous t'excuserons.
Avec la moitié d'un cœur on ne trouve pas ce royaume
Tu cherches la vérité, mais tu es resté dans le limon de la terre.

Lorsqu'un corps inanimé est mis en terre
L'âme du mort s'envole vers les cieux
La violette croît quand elle reste dans la terre
Comment un cyprès ne pousserait-il pas dans ce jardin ?

Même si on me tue, je ne renoncerai pas à ton amour
Car la Voix est sortie de notre luth
Ils ont dit : « Nous te couperons la tête. »
Que la robe de la vie soit longue ou courte, qu'importe ?

1. Maître spirituel de Rûmî.

Nous sommes éphémères, mais notre passion est longue.
Dans l'ombre du cœur
Nous tournons nos regards vers un désert immense
Le Jour de la Résurrection dure cent jours : que c'est long!

Je suis allé chez le médecin, et j'ai dit : « O voyant!
Qu'ordonnes-tu à ce pauvre amoureux? »
Il m'a ordonné de laisser l'attribut et de renoncer à l'existence
C'est-à-dire de sortir de tout ce qui existe.

Si tu veux découvrir la vie éternelle
Et voir un signe clair de détachement
Dans la voie du détachement, avance hardiment
Avance comme un homme véritable, afin de découvrir la vie.

Ne bois pas, sauf la coupe glorieuse de la mort
Ne bois pas, sauf par la flamme d'amour de la Majesté divine
Dans la mine de cornalines de la pauvreté est présente la joie
Bois du vin, et ne raconte pas l'histoire de l'avant-dernière nuit.

O toi, unique dans les deux mondes, ne te hâte pas!
Ne te hâte pas de t'enfuir comme le temps
Ne fuis pas vers la limite, ne te hâte pas
Ne te hâte pas de quitter notre demeure pour une autre.

De ton amour vient la flamme de la jeunesse
Dans le cœur vient la beauté de l'âme
Si tu veux me tuer, mon sang est pour toi licite
Car la mort donnée par l'Ami cause la vie.

Supporte en paix le chagrin, car ton remède est Moi-même
Ne regarde pas un autre, car ton ami est Moi-même
Si tu es mort, ne dis pas : « Je suis tué. »
Fais des offrandes d'actions de grâces, car le prix de ton sang c'est
[Moi-même.

Afin que tu ne croies pas que je me suis enfui loin de toi
Ou que j'ai cherché un autre ami que toi,
Je ne suis pas enfermé en moi-même, je me manifeste par l'essence
Comme le torrent, je me déverse dans la mer du Bien-Aimé.

Au moment de la mort, quand l'âme quitte le corps,
Elle le laisse comme un habit ancien
Elle redonne à la poussière ce corps qui était poussière
Et façonne un corps fait de sa propre lumière ancienne.

O toi qui es l'erreur, que peux-tu faire, sauf fuir la vérité?
O poison, que peux-tu être, sinon piquant et amer?
L'amour est l'Eau de la vie, qui ne le croit pas est comme l'âne
O âne, si tu ne meurs pas dans cette eau, que peux-tu faire?

Si la vie s'est écoulée, Dieu nous a donné une autre vie
Si la vie périssable s'est enfuie, voici la Vie éternelle.
L'amour est l'eau de l'immortalité, plonge dans cette source :
Chacune de ses gouttes, à elle seule, est un océan de vie.

Si tu peux un seul instant comprendre les mystères
Tu deviendras de plein gré prêt à donner ta vie
Tant que tu es ivre de toi-même, tu seras éternellement ténèbres
Quand tu deviendras ivre de Lui, tu seras éveillé.

Je me jette ivre, là, grâce à maints artifices
Afin de contempler l'âme et l'univers qui sont là.
Ou ces pieds me feront atteindre mon but et mon dessein,
Ou je donnerai ma tête comme j'ai donné mon cœur, là.

Ce qui s'est passé hier entre moi et toi
Ne peut ni s'écrire ni se dire
Le jour où je quitterai cette antique patrie
Les plis de mon linceul te raconteront mon histoire.

Un jour où tu passeras près de mon tombeau,
Arrête-toi et dis : « O toi, mort de chagrin pour moi ! »
Afin que je crie, de la terre à laquelle je suis mélangé :
« O toi, le Joseph de ma vie, ô toi que j'ai perdu ! »

Tant que tu n'as pas trouvé la douleur, tu n'arrives pas au remède
Tant que tu n'as pas donné ton âme, tu n'arrives pas à l'union des âmes
Tant que tu n'es pas entré dans le feu comme Khalil
Tu n'arrives pas, comme Khezr, à la Source de vie.

Tant que tu es éveillé, tu ne peux pas goûter l'ivresse
Tant que tu ne donnes pas ton corps, tu ne parviens pas à
[l'adoration de l'âme
Tant que dans la voie de l'amour du Bien-Aimé, comme le feu et l'eau,
Tu ne te perds pas toi-même, tu n'arrives pas à l'Être.

Tu as tellement parlé que tu es passé au-delà des paroles
Tu as tant tourné autour de Celui-ci que tu es devenu lui-même
Tu as si longtemps conduit dans l'eau le bateau des paroles
Qu'il n'est demeuré ni bois, ni bateau, ni toi-même.

Ceux qui sont tombés dans le quartier des mystiques
Jusqu'à la trompette du Jugement sont agiles et contents
Certains heureux d'avoir sacrifié leur *nafs*
D'autres libérés d'eux-mêmes, de la vie et du monde.

Par l'amour prééternel, tu chantes des chansons
Par l'émerveillement de l'amour, tu es devenu stupide, ignorant
Mort à cause du chagrin pour lui, tu es devenu libre
Tu as tellement parlé de ce chagrin que tu es devenu lui.

Celui qui te coupe la tête, c'est lui que tu aimes
Celui qui te trompe, c'est ton voleur
Celui qui t'autorise à entrer, c'est ton obstacle
Mais celui qui te fait t'oublier, c'est ton Ami.

On a parlé du détachement de façons différentes
Dans l'ignorance on explique beaucoup de sens
Comme ils n'ont pas su le mystère du monde,
Ils ont d'abord parlé, pûis se sont endormis.

O toi qui es rendu vivant par l'âme de ce monde
Honte à toi, pourquoi es-tu vivant de la sorte?
Ne sois pas sans amour, afin de ne pas être mort
Meurs dans l'amour, pour demeurer vivant.

Table

EXTRAITS DU CATALOGUE

Spiritualités vivantes / poche

La Sagesse des Prophètes, Muhyi-d-din Ibn'Arabî (n° 19).
La Voie de la perfection. L'enseignement du maître persan Nur Ali Elâhi, Bahrâm Elâhi (n° 32).
Le Chemin de la Lumière. La Voie de Nur Ali Elâhi, Bahrâm Elâhi (n° 52).
Traité de l'amour, Muhyi-d-din Ibn'Arabî (n° 60).
Le Mesnevi. 150 contes soufis, Djâlal-od-Dîn Rûmî (n° 70).
Futuwah, traité de chevalerie soufie, traduit et introduit par Faouzi Skali (n° 74).
Les secrets du Soi, suivi par *Les Mystères du Non-Moi,* Mohammad Iqbal (n° 77).
Le Livre divin, Farîd-ud-Dîn 'Attar (n° 85).
Le Jardin de roses, Saadi (n° 92).
Chercheur de vérité, Idries Shah (n° 98).
La Voie soufie, Faouzi Skali (n° 106).
Rubâi'yat, Djalâl-od-Dîn Rûmî, traduit et présenté par E. de Vitray-Meyerovitch et D. Mortazavi (n° 111).
Rire avec Dieu. Aphorismes et contes soufis, S. B. Majrouh (n° 130).
Anthologie du soufisme, Eva de Vitray-Meyerovitch (n° 132).
Le Langage des oiseaux, Farîd-ud-Dîn'Attar (n° 137).
Traces de lumière. Paroles initiatiques soufies, Faouzi Skali (n° 141).
Temps et prières, Al-Ghazâlî (n° 143).
Le Livre du dedans, Djalâl-od-Dîn Rûmî, traduit et présenté par Eva de Vitray-Meyerovitch (n° 145).
Les Illuminations de la Mecque, Ibn'Arabî (n° 150).
Poèmes Mystiques, Hallaj (n° 157).
Le Chœur des prophètes. Enseignements soufis de Cheikh 'Adda Bentounès (n° 169).
L'Islam au féminin. La femme dans la spiritualité musulmane, Annemarie Schimmel (n° 175).

Espaces libres

Islam, l'autre visage, Eva de Vitray-Meyerovitch (n° 52).
Le Soleil d'Allah brille sur l'Occident, Sigrid Hunke (n° 76).
Nous avons tant de choses à nous dire. Pour un vrai dialogue entre chrétiens et musulmans, Rachid Benzine et Christian Delorme (n° 88).

La Bibliothèque spirituelle

Le Coran. Essai de traduction, Jacques Berque.
Les Soufis d'Andalousie suivi par *La Vie merveilleuse de Dhû-L-Nûn l'Égyptien,* Muhyi-d-din Ibn'Arabî.
Approche de la mystique dans les religions occidentales et orientales, Carl-A. Keller.

Albin Michel Spiritualités / grand format

L'Interprète des désirs, Muhyi-d-din Ibn 'Arabî.
L'Homme intérieur à la lumière du Coran, Cheikh Bentounès.
Musique et extase. L'audition mystique dans la tradition soufie, Jean During.
L'Incendie de l'âme. L'aventure spirituelle de Rûmî, Annemarie Schimmel.
Hindouisme et soufisme. Une lecture du « Confluent des Deux Océans », de Dara Shokûh, Daryush Shayegan.
La Prière en Islam, Eva de Vitray-Meyerovitch.

Hors collection

À la croisée des trois monothéismes. Une communauté de pensée au Moyen Âge, Roger Arnaldez.
Relire le Coran, Jacques Berque.
L'Humanisme de l'Islam, Marcel Boisard.
Dictionnaire des symboles musulmans. Rites, mystique et civilisation, Malek Chebel.
Pour comprendre l'intégrisme musulman, Martine Gozlan.
Penser l'art islamique. Une esthétique de l'ornement, Oleg Grabar.
L'Islam en France, Francis Lamand.
L'Islam et l'Occident, Michel Lelong.
L'Âme de l'Iran, René Grousset, Louis Massignon, Henri Massé.
Le Harem politique. Le Prophète et les femmes, Fatima Mernissi.
Le Gîhad dans l'Islam médiéval, Alfred Morabia.
Les Penseurs libres dans l'Islam classique, Dominique Urvoy.

Carnets de sagesse

Paroles d'Islam, Nacer Khémir.
Paroles soufies, Sylvia Lacarrière.

« *Spiritualités vivantes* »
Collection fondée par Jean Herbert

au format de poche

DERNIERS TITRES PARUS

141. *Traces de lumières, paroles initiatiques soufies,* de F. SKALI.
142. *Aux sources de la joie,* de MÂ ANANDA MOYÎ, traduction et préface de Jean HERBERT.
143. *Temps et prières* de AL-GHAZÂLÎ.
144. *L'Enfant de pierre et autres contes bouddhistes,* de THICH NHAT HANH.
145. *Le Livre du dedans*, de RÛMÎ.
146. *Trois mystiques grecs, Orphée, Pythagore, Empédocle,* de S. JACQUEMARD.
147. *Le Miroir des âmes simples et anéanties*, de M. PORETE.
148. *Présence de Râm,* de SWÂMÎ RÂMDÂS, trad. de J. HERBERT.
149. *Traité du Vide parfait*, de LIE TSEU, trad. de J.-J. LAFITTE.
150. *Les Illuminations de La Mecque*, d'IBN ARABÎ, traduction sous la direction de M. CHODKIEWICZ.
151. *Le Silence foudroyant*, de THICH NHAT HANH, traduction de Z. BIANU.
152. *Comme un éclair déchire la nuit*, du DALAÏ-LAMA.
153. *Jung et la question du sacré*, d'Y. TARDAN-MASQUELIER.
154. *La Religion des Chinois*, de M. GRANET.
155. *La Saveur du Zen. Poèmes et sermons d'Ikkyû et de ses disciples,* traduits et présentés par M. et M. SHIBATA. (Inédit)
156. *L'Étincelle de l'âme, Sermons I à XXX*, de Maître ECKHART, traduits et présentés par G. JARCZYK et P.-J. LABARRIÈRE. (Inédit)
157. *Poèmes mystiques*, de HALLAJ.
158. *Sagesses de la mort*, de Z. BIANU.
159. *Polir la lune et labourer les nuages*, de Maître DÔGEN, anthologie présentée par J. BROSSE. (Inédit)
160. *L'Éveil subit,* de HOUEI-HAI suivi de *Dialogues du Tch'an*, traduits et présentés par M. et M. SHIBATA.
161. *L'Imitation de Jésus-Christ*, trad. par P. CORNEILLE.
162. *Dieu au-delà de Dieu, sermons XXXI à LX* de Maître ECKHART, traduits et présentés par G. JARCZYK et P.-J. LABARRIÈRE. (Inédit)

163. *Zen et Occident*, de J. BROSSE.
164. *Dialogue sur le chemin initiatique*, de K. G. DÜRCKHEIM et A. GOETTMANN.
165. *Prendre soin de l'être*, de J.-Y. LELOUP.
166. *Transformation et guérison*, de THICH NHAT HANH.
167. *La Lumière du Satori*, d'EVELYN DE SMEDT.
168. *Job sur le chemin de la Lumière*, d'A. de SOUZENELLE.
169. *Le Chœur des Prophètes. Enseignements soufis* du Cheikh Adda BENTOUNÈS.
170. *Guérir du malheur*, de L. BASSET.
171. *Le Pouvoir de pardonner*, de L. BASSET.
172. *L'Esprit du Ch'an, Aux sources chinoises du zen*, de T. DESHIMARU.
173. *Passerelles. Entretiens avec des scientifiques sur la nature de l'esprit*, du DALAÏ-LAMA.
174. *Le recueil de la falaise verte, koans et poésies du Zen*, traduit et présenté par M. et M. SHIBATA. (Inédit)
175. *L'Islam au féminin. La femme dans la spiritualité musulmane*, d'Annemarie SCHIMMEL.
176. *Et ce néant était Dieu…, sermons LXI à XC* de Maître ECKHART, traduits et présentés par G. JARCZYK et P.-J. LABARRIÈRE. (Inédit)
177. *L'Évangile de Marie-Myriam de Magdala*, de Jean-Yves LELOUP.

La reproduction photomécanique,
l'impression et le brochage de ce livre
ont été effectué
par **Bussière Camedan Imprimeries**
sur presse Cameron
à Saint-Amand-Montrond (Cher)
pour les Éditions Albin Michel

Achevé d'imprimer en septembre 2000.
N° d'édition : 19352. N° d'impression : 004420/1.
Dépôt légal : octobre 2000.